ICH BIN JETZT IN **CHINA**

MARTIN BRANDES

W0040208

ICH BIN JETZT IN

CHINA
Ein Selbstversuch

MARTIN BRANDES

Herausgegeben von Andreas Drouve

BRUCKMANN

Inhalt

Ein paar Bemerkungen über mich selbst, zum Beispiel warum ich in China bin, wie ich dort zurechtkomme oder manchmal eben auch nicht

Im Roman »Lord Jim« des von mir sehr geschätzten Autors Joseph Conrad wird der Romanheld unter anderem durch die Bemerkung definiert, dass dieser zwar keine speziellen Kenntnisse und Fähigkeiten habe, dafür aber ein Talent für das Allgemeine besitze. Dadurch gelingt es ihm, mit vielen unterschiedlichen Situationen und Menschen gut zurechtzukommen. Selten fand ich mich in der Beschreibung einer Romanfigur so genau wieder. Und seit ich in China lebe, weiß ich, wozu ich dieses Talent zum Allgemeinen brauche. Die Herausforderungen, die China für einen Ausländer in praktisch allen Lebensbereichen bereithält, sind so vielfältig, dass Spezialwissen oft ganz und gar hinderlich wäre.

Nicht dass ich irgendeine Art von speziellem Wissen über China gehabt hätte, als ich im Jahr 2001 frohen Mutes in Peking aufschlug. Behinderungen durch Wissen aller Art kannte ich wahrlich keine. Jahrzehntelang hatte ich mehr oder weniger erfolgreich sowohl kreativ als auch kaufmännisch bei Film und Fernsehen gearbeitet. Ich hatte, offen gestanden, damals auch kein sonderliches Interesse an diesem rätselhaften Land, mit dem die westliche Welt gerade exzessiv zu flirten begann. Allein schon aus kulinarischen Gründen zog es mich nicht dorthin, denn das Essen in deutschen China-Restaurants[1] fand ich einfach abscheulich.

---

[1] In China würde man mit solchen Mahlzeiten übrigens noch nicht einmal die Hunde füttern. Und das – vielleicht sollte ich das ergänzen – obwohl Chinesen am Tierschutz nicht sonderlich interessiert sind.

Meine damalige Gattin arbeitete am Anfang dieses Jahrtausends für ein internationales Unternehmen in München, bei dem üblicherweise Orte wie New York, London oder Los Angeles auf der Versetzungsagenda standen. Doch schwupps ging es stattdessen nach Peking und schon saß ich in München einer Sprachlehrerin gegenüber, die sich vergeblich bemühte, mich sprachlich für China fit zu machen. Interkulturelle Seminare folgten, auf denen ich unter anderem lernte, dass ich mir bei Tisch nicht die Nase putzen dürfe, wie sensibel die Chinesen im Allgemeinen so seien und wie schrecklich es für sie sei, im Gespräch mit einem Westler das Gesicht zu verlieren.

In China fiel mir dann recht schnell auf, dass es offensichtlich niemanden zu kümmern schien, welche Verluste meinem Gesicht möglicherweise zugefügt wurden.

Als dann bei einem unserer ersten Restaurantbesuche in der neuen Heimatstadt am Nachbartisch jemand wirklich sehr geräuschvoll auf den Boden spuckte, beschlossen die Gattin und ich, unsere interkulturellen Seminar-Erkenntnisse am besten doch noch einmal zu überdenken. Wir entschieden uns schlicht für das Lernen durch Eigenbeobachtung und freundliche Höflichkeit. So helfe ich in China bis heute Frauen in den Mantel und halte ihnen die Tür auf.

Ich denke, am besten kommt in China zurecht, wer nicht erwartet, Authentizität von Land und Menschen sei teilbar – in das erfreuliche Fremde, das Exotische, Kulinarische, Folkloristisch-Niedliche und in das unerfreuliche Fremde, das Laute, Schmutzige, Rücksichtslose, Unerbittliche. Möglicherweise gilt der Gedanke der komplexen Authentizität ja für alle anderen Länder auch. Unbedingt aber für China, vor allem, wenn man länger als für einen Urlaub dort bleiben möchte.

Anfangs ist es schon sehr irritierend, nicht nur die Sprache nicht zu verstehen, sondern auch rein gar nichts lesen zu können. Das kann in manchen Fällen schon mehr als anstrengend sein.

Ich bin nach wie vor schon glücklich, wenn ich fehlerfrei nach der Toilette – cèsuǒ – fragen kann und dem Taxifahrer ein verständliches »hónglǜdēng yòu guǎi« oder ein klares »tíngzhù« zurufen kann. Ist der Fahrer dann wirklich an der Ampel rechts abgebogen und hat dann auch an der gewünschten Stelle gehalten, war der viele Sprachunterricht immerhin nicht ganz umsonst.

Mein Weg und der meiner damaligen Gattin trennten sich dann allerdings irgendwann und ein deutsches Fachmagazin für die Film- und Fernsehwirtschaft engagierte mich freundlicherweise als Auslandskorrespondenten. So hatte ich die Möglichkeit, die wichtigsten Grundlagen und Akteure auf diesem Gebiet in China kennenzulernen und darüber zu schreiben.

Ausländer in den eigenen Reihen zu haben, ist in vielen chinesischen Unternehmen und Organisationen beliebt, weil dem Image förderlich. Man könnte auch sagen, ein ausländisches Gesicht gibt einer chinesischen Institution Gesicht. Ich wurde also im Lauf der Jahre in Filmjurys berufen und reiste im Land umher. Mit meinem Talent fürs Allgemeine drehte ich auch einige Filme für deutsche Fernsehsender und Industrieunternehmen, organisierte die erste offizielle Deutsche Filmwoche in China, war bald Berater deutscher Film- und Fernsehunternehmen und wurde dann von einer staatlichen Fernsehkommission angestellt, als verantwortlicher Berater für die internationale Zusammenarbeit beim Dokumentarfilm für Umwelt, Natur und Tierschutz.

In all den Jahren widerfuhr mir so einiges und ich kann wohl sagen, dass ich über einen reichen Schatz an Kuriosa,

Abenteuer und merkwürdigen Normalitäten des chinesischen Alltags verfüge. Aber lesen Sie selbst, ich habe sie im Folgenden getreulich notiert.

Weshalb ich in China ein Pferd bin, warum ich überhaupt so weit weg von Deutschland gelandet bin und weshalb ich immer noch Chinesisch lerne

Ich bin der Mann, den sie Pferd nennen. Gleich nach der Einreise in mein neues Heimatland wurde mir von neugewonnenen chinesischen Freunden in Peking mein neuer Familienname verpasst.

Wer wie ich länger in China lebt, muss sich auf jeden Fall einen chinesischen Namen zulegen. Der eigene, westliche Name ist für das chinesische Umfeld nicht gut zu merken, meistens auch viel zu schwer auszusprechen. Außerdem hat er für chinesische Ohren weder inhaltliche noch phonetische Kraft.

Mein chinesischer Familienname bildet sich aus den ersten beiden Buchstaben meines Vornamens. Also Ma – von Martin. Das ging schnell.

Damit habe ich nun den hochsoliden chinesischen Familiennamen Mǎ, der unter anderem Pferd bedeutet. Natürlich nur, wenn ich bei der chinesischen Aussprache ausnahmsweise mal den richtigen Ton treffe. Vier auf- und absteigende Tonmodulationen gibt es im Mandarin, also der chinesischen Hochsprache, mit denen ein chinesisches Wort ausgesprochen werden kann. Bei einem Pferd, so wie ich jetzt eines bin, geht die Stimme erst nach unten und dann gleich wieder nach oben.

Falls ich das wie üblich nicht richtig hinkriege, sondern den Ton nur nach oben oder nach unten treffe, heiße ich plötzlich nicht mehr Pferd, sondern im unerfreulichsten Fall Lepra. Vielleicht mache ich mich auch zur Mutter oder zum Hanf oder verwandele mich in das Verb»schimpfen« oder einfach nur in ein Fragezeichen. Zum Glück sind die meisten Chinesen ziemlich tolerant gegenüber den falschen Wortmodulationen von Ausländern und stellen sich oft selbst den richtigen Zusammenhang zwischen Wort und Situation her. Das passiert schließlich immer mal wieder auch bei Gesprächen unter den Chinesen, denn die Sprache ist nicht eindeutig und klar, sondern oft genug eher diffus und auch noch voller versteckter Bedeutungen. Häufig muss der Begriff oder ein ganzer Satz erst in einen Gesamtzusammenhang eingebunden werden, sonst bleiben auch für den Muttersprachler im Reich der Mitte manche chinesischen Begriffe oder Formulierungen mehrdeutig und missverständlich.

Sowieso gilt all das natürlich nur für das gesprochene Wort. Geschrieben wird in China ja nicht mit Buchstaben, sondern mit den hànzì, den Schriftzeichen, deren künstlerische Ausführung man Kalligrafie nennt. Für mich, den lǎowài (der Sammelbegriff der Chinesen für Ausländer), der ja meist schon an der korrekten Aussprache scheitert, hat man freundlicherweise am Anfang des vorigen Jahrhunderts bereits angefangen, eine lateinische Umschrift zu entwickeln, das seit den Fünfzigerjahren in China offiziell verwendete pīnyīn, mit den vier verschiedenen Tönen als Ausspracheanweisungen in Strichform über jedem Wort.

Ich bin ziemlich sicher, dass inzwischen nicht nur die Ausländer ziemlich froh über die Pinyin-Schrift sind, sondern ganz besonders auch die Chinesen, denn ohne diese lateinische Umschrift könnte man in China nicht mit Computer und Internet arbeiten. Allein die Vorstellung, möglicherweise ein Keyboard mit den viertausend Schriftzeichen bedienen zu müssen, die im chinesischen Alltag üblicherweise lediglich vorkommen, lässt den internetsüchtigen Chinesen, und das sind so ziemlich alle, zurecht erschauern.

Will man in chinesischen »Characters«, also hànzì anspruchsvollere Texte schreiben, sind es auch schon mal zehntausend oder mehr Zeichen, die man beherrschen muss. Das gibt dem Schreiben und besonders dem Beruf des Schriftstellers noch einmal eine ganz besondere Dimension, finde ich. Mit der Pinyin-Schrift ist es leicht. Da gebe ich auf dem Keyboard einfach nur beispielsweise Ma ein und sehe dann auf dem Bildschirm die Schriftzeichen für die unterschiedlichen Bedeutungen. Daraus wähle ich meines aus und das war's. Ganz einfach. Jedenfalls wenn man weiß, wie es geht.

Mein Startwissen über China beschränkte sich bei der Einreise anfangs mehr oder weniger auf die klassischen Klischees wie Chop Suey mit Reis, ein Gericht, das es nur in Deutschland und den USA gibt; auf Tai Chi im Morgengrauen, was in China nur noch Rentner ausüben; auf Millionen Rad fahrender Chinesen, die inzwischen aber überwiegend auf Autos umgestiegen sind, die jetzt auf den Radwegen parken; auf die sprichwörtliche chinesische Höflichkeit, die hier im Land ungefähr so häufig ist wie praktizierende Schuhplattlertänzer in Niedersachsen und ähnlich phantastische Vorstellungen über das Land der Glückskekse, die es übrigens auch bloß in amerikanischen – und inzwischen wohl auch in deutschen – Chinarestaurants gibt.

Aber das nur nebenbei. Jeder erstmals einreisende lǎowài hat wohl, genauso wie ich, so seine respektive ihre eigenen Vorstellungen vom Reich der Mitte. Und wahrscheinlich sind sie alle falsch. Bei mir jedenfalls war es so. Staunend konnte ich erleben, mich quasi selbst dabei beobachten, wie meine langgehegten Vorstellungen über China langsam verdunsteten wie Wasser unter der heißen Pekinger Sommersonne.

Dass ich damals so ziemlich der einzige Deutsche in ganz China war, der Know-how aus der Film- und Fernsehbranche mitbrachte, sprach sich irgendwann bei den Firmen beider Länder herum.

So ergaben sich eine Menge schöner Jobs in meiner neuen Heimat, vom Filmzeitungskorrespondenten und Fachzeitschriftenautor, dem Drehen von Industrie- und Dokumentarfilmen bis hin zur Organisation des ersten deutsch-bayerischen Filmfestivals in China. Ich fühlte mich tatsächlich sehr oft wie eine Art Botschafter für beide Seiten, die ja übereinander auch nichts wussten. Das geht mir heute übrigens manchmal auch noch so.

Da war ich nun frisch eingetroffen in Beijing, der heißen Hauptstadt von Zhōngguó, das heißt China. Es war Juli und ich startete erst mal mit der Wohnungssuche. Wer eine Wohnung sucht, will ja auch bleiben und da lag es natürlich nahe, auch die Landessprache (hànyǔ) zu lernen. Wer wie ich allerdings einen großen Teil seiner Schulzeit damit verbracht hat, den dort generierten Bildungsimpulsen mehr oder weniger geschickt auszuweichen, hat natürlich seine Probleme mit dem Lernen und unausweichlich noch mehr mit der chinesischen Art des Unterrichts.

Denn egal ob Universität, College oder Oberschule: Der Unterricht ist überall fast genauso schulisch und durchorganisiert wie in der Elementarschule für die Kleinsten. Also frontal, autoritär, lehrer- und prüfungsfixiert. Lernen heißt vor allem Auswendiglernen, den Lehrstoff in sich hineinpauken. Vorrangig bei der Auswahl des Lehrstoffes ist, ob man das erworbene Wissen anschließend gut abfragen kann. In der Schule erledigt das natürlich der Lehrer, der in China höchsten Respekt genießt. Wem das nicht reicht, der besucht ergänzend Nachhilfe-

und Paukschulen. Bildung hat in China einen sehr hohen Stellenwert. Vom Kindergarten – wo schon die ersten Prüfungen abgelegt werden müssen, um von der Tigergruppe der Fünfjährigen in die Drachengruppe der Sechsjährigen aufzusteigen – bis zum Abschluss der Universität wartet mindestens ein Zwölfstundentag auf Schüler und Studenten.

Mich erwarteten an meinem ersten Schultag zwar keine so langen Unterrichtseinheiten, aber doch schon eine erste Überraschung. Alle Sprachenschüler hatten beim Eintreten der Lehrerin, lǎoshī genannt, aufzustehen und sie im Chor zu begrüßen. Daraufhin wurde das Hinsetzen angeordnet und der Unterricht begann. Natürlich, ich hieß inzwischen Pferd. Aber dressiert wollte ich ja eigentlich nicht werden. Ich wollte einfach nur ein paar Sprachkunststücke lernen. Immerhin sah meine Dresseurin – ich meine natürlich Lehrerin – wesentlich erfreulicher aus als die Lehrerinnen zu meiner Zeit. Und gelernt habe ich ja doch auch noch einiges. Unter anderem, dass es manchmal besser ist, sich dressieren zu lassen, als am Ende gar nichts zu können.

Meine Mitschüler kamen aus vielen Teilen der Welt. Ich wunderte mich am Anfang über die vielen chinesischen Gesichter in meiner Anfängerklasse. In einer der ersehnten Pausen erzählte mir dann einer meiner Schülerkollegen, dass er aus Hongkong sei und nur Kantonesisch spreche. Diese Sprache arbeitet mit acht statt mit vier Tönen und ist praktisch eine ganz andere Sprache als das Mandarin. Niemand in Peking würde ihn verstehen, wenn er in seiner kantonesischen Muttersprache sein Essen bestelle. Aber, und das war der große Vorteil meines Hongkonger Mitschülers, die chinesischen Schriftzeichen sind immer dieselben, unabhängig von der Sprache. Die Schrift ist es, die China zusammenhält, wenn auch nicht mehr ganz so einfach wie früher.

In der Volksrepublik China, landläufig auch »Mainland China« genannt, wurde nämlich Ende der 1950er-Jahre eine Schriftreform verabschiedet. Das Ziel war, die manchmal wohl recht kompliziert zu schreibenden Zeichen zu vereinfachen, um die Schrift leichter erlernbar zu machen. Seitdem unterscheiden sich die Schriftzeichen, die außerhalb von Mainland China verwendet werden, also zum Beispiel in Taiwan und Hongkong, oft recht stark voneinander. Das macht es vor allem für Bewohner von Mainland China schwieriger, alte Texte zu lesen. Vor allem aber natürlich die aktuellen Zeitungen und Nachrichten aus Hongkong oder Taiwan, wo es Pressefreiheit gibt und also auch Zeitungen, die nicht immer die Pekinger Sicht der Dinge wiedergeben.

Ich ging brav dreimal die Woche zur Schule, lernte viel, vergaß auch viel und fühlte mich in die alten Schulzeiten zurückversetzt. Es fiel mir vor allem deshalb auf, weil ich seltsamerweise damit anfing, in alte Schulgewohnheiten zurückzufallen, also das Lernen möglichst auf den nächsten Tag zu verschieben oder den Unterricht durch alberne Kommentare zu stören. Außerdem wurde es manchmal auch schon schwierig, Unterricht und Berufliches, wie Recherchereisen oder ähnliches, unter einen Hut zu bringen.

Zum Glück tauchte irgendwann eine sehr nette und außergewöhnlich geduldige Privatlehrerin auf, die mich mit einer Art zoologischem Interesse, gepaart mit unerschütterlichem Gleichmut, durch die tückischen Untiefen und Sturmböen des Ozeans navigierte, den man landläufig als Chinesisch oder auch pǔtōnghuà bezeichnet. Und tatsächlich kriege ich inzwischen ja auch schon selbst ein paar einfache Navigationshinweise hin.

Warum man in China keinen Urlaub machen kann

Ich kann von einem Urlaub in China nur abraten. Das habe ich in den über die Jahre mehrfach besuchten Selbsterfahrungskursen herausgefunden, die man in China landläufig und euphemistisch als Urlaub bezeichnet. Ich kann jedem nur raten, lieber ins Büro zu gehen. Das ist oft wesentlich erholsamer. Vor allem in China. Um jetzt aber nicht komplett als unverbesserlicher Miesmacher und Spaßverderber dazustehen, mache ich schnell eine wichtige, ja eine windelweiche Einschränkung. Ich rate vor allem und im Besonderen ab von einem Urlaub in China zum Zweck der Erholung. Das habe ich einige Male probiert und es will mir einfach nicht gelingen. Ich definiere vorsichtshalber einmal kurz meine klassisch-konventionelle Idee von Erholung. Darunter verstehe ich Ruhe, Entspannung, Kultur, Natur, Zurückgezogenheit, Stille. Vielleicht noch ein paar gute Restaurants mit freundlichem Servicepersonal in Reichweite. So oder so ähnlich wäre es mir recht.

Nichts davon gibt es in China. Ich habe es dort jedenfalls noch nirgendwo gefunden. Was ich erlebt habe, das waren wilde Abenteuer in Zug und Bus. Waren Dispute aller Art mit Busfahrern und Passagieren. Waren gnadenlos ausgetragene Kämpfe um Bahnfahrkarten und Hotelzimmer. Waren Barrikadenkämpfe mit Rezeptionistinnen und Hotelpersonal aller Kategorien. Waren unzählige Freistilgefechte mit schurkischen Reiseführern und heimtückischen Taxifahrern.

Das fängt schon mit dem Transport an den vorgeblichen Erholungsort an und hört mit dem Hotel noch lange nicht auf. Ich frage mich in diesem Zusammenhang oft, warum ich eigentlich für Wochen meine Wohnung, einen der wenigen auf mich persönlich zugeschnittenen Orte und knappen Freiräume verlasse, wo ich – im Rahmen des üblichen zivilisatorischen Verhaltens natürlich – machen kann, was ich will. Das fällt mir aber meist erst ein, wenn ich schon im Zug oder Flugzeug sitze.

Traditionell scheint es in Chinas Provinzen überwiegend üblich zu sein, Hotelzimmer erst dann wieder mehr oder (meistens) weniger sauberzumachen, wenn der Gast wieder abreist. Schließlich ist er ja selber für die Verschmutzungen des Zimmers verantwortlich. Und der nächste Gast macht ja dann sowieso wieder alles schmutzig. Da warten die hoteleigenen Putzkräfte dann oft schon mal mit der Säuberung, bis wenigstens drei oder vier Gäste das Zimmer benutzt haben, bevor sie wiederwillig loslegen und anfangen, den Schmutz im Zimmer zu zerkleinern und neu zu verteilen. Wie das genau bewerkstelligt wird, erfahren Sie an späterer Stelle in diesem Buch.

Toilettenpapier ist ein wichtiges Utensil in einem Badezimmer. Das merke ich oft erst dann, wenn es zu spät ist. Man ahnt manchmal gar nicht, wie entscheidend so eine kleine Papierrolle zur Urlaubsfreude beiträgt. In chinesischen Hotels wird sie in wirklich niedlichen kleinen Rollen abgegeben. Jedem Zimmer steht täglich nur eines dieser wertvollen Röllchen zu. Das muss reichen. Smarte und erfahrene Chinareisende haben stets mindestens eine Rolle dieses nützlichen Hygieneartikels im Koffer. Chinareisende Anfänger erkennt man an ihrer mangelhaften Bekleidung und der selten anzutreffenden Kombination von Pein und Hektik, mit der sie verzweifelt im Hotelflur hin- und herlaufen, nach dem Servicepersonal rufen und dabei hektisch mit dem leeren Papprolchen winken. Geholfen wird ihnen natürlich nicht. Die Frage, wie das Problem gelöst wird, lasse ich an dieser Stelle bewusst im Dunkeln.

Für männliche Gäste gibt es natürlich auch sehr oft spezielle Angebote, die allerdings, wenn überhaupt, nur für allein reisende Herren interessant sind. Meist wird man da bereits an der Rezeption gefragt, ob man eventuell ein wenig weibliche Gesellschaft wünsche. Selbst ein ablehnender Bescheid nutzt aber häufig nichts. Entweder klingelt mein Zimmertelefon und eine Frauenstimme flötet etwas von Massagen und anderen Annehmlichkeiten. Nicht selten klopft es auch gleich direkt an der Tür und das Angebot wird mit persönlichem Augenschein kombiniert. In besonders serviceorientierten Hotels kann die Nerverei an Tür und Telefon sogar bis in die frühen Morgenstunden gehen. Ein erfahrener chinesischer Kollege erzählte mir einmal, dass viele Hotels für diesen Bereich vertraglich an einen Generalunternehmer gebunden seien. Das Hotel kassiert von diesem eine Pauschale und garantiert dafür den Zugriff auf Gäste und Gästelisten und für die Mädchen den Zugang zu allen gästerelevanten Bereichen. Dieser Service wird vor allem von Geschäftsreisenden oft und gern genutzt und man muss deshalb schon ziemlich massiv werden, um hier seine Ruhe zu haben.

Zimmerschlüssel werden in vielen Hotels in der tieferen chinesischen Provinz auch gern unter verschärfte Aufsicht gestellt. Für jede Gästeetage ist eine bestimmte Anzahl von Personal zuständig. Das sind fast ausschließlich Frauen gesetzten Alters, die auch jeweils auf der Etage wohnen und schlafen und die gegen jede Art von Charme immun sind. An den Treppen und Aufzügen befinden sich kleine Rezeptionen, an denen man sich an- und abmelden muss. Der Schlüssel ist dort natürlich auch abzugeben. Im Grunde sind es also die Gäste, auf die man gern mal ein Auge hat. Wo da der Service aufhört und die Überwachung anfängt? Das zu beurteilen überlasse ich gern jedem selbst. Da das Personal permanent auf der Etage wohnt und der Gast nur temporär, ist dieses Stockwerk praktisch so etwas wie ihr Eigenheim und der Gast ist der Fremde. Und wer hat schon gern Fremde bei sich zu Hause? In China jedenfalls niemand. Dementsprechend ist denn auch die Gästebehandlung. Tatsächlich empfinde ich in solchen Hotels erst die ganze trostlose Tiefe des Wortes »Fremdenzimmer« – übrigens auch in deutschen Landen regionaltypisch mitunter immer noch anzutreffen.

Wenn ich also in mein Zimmer will, muss ich sie meist erst wecken, denn überwiegend nutzen die Etagendamen die Zeit zum Schlafen. In China wird übrigens den ganzen Tag über geschlafen, egal wo und wann. Museumswärter schnarchen auf ihren Hockerchen. Bedienungen mit dem Kopf auf Tablett oder Theke. Eine besonders müde Verkäuferin in einem Pekinger Buchladen beeindruckte mich mit ihrer Fähigkeit, stehend angelehnt an ein Bücherregal zu schlafen. Ich suchte nach einem Buch und störte. Kurz aus dem Schlaf gerissen, injizierte sie mir einen ziemlich giftigen Blick, wechselte dann aber einfach das Regal – und schlief weiter. Bei den Etagendamen war es wohl ein Zeichen wirklicher Erschöpfung. Gäste schikanieren ist schon sehr anstrengend. Außerdem: Der Gast macht sein Zimmer sowieso wieder schmutzig, da ist Putzen ja doch sinnlos und schlafen die bessere Alternative.

Erfreulich ist, dass die Zimmer in den besseren Provinzhotels oft Toiletten im westlichen Stil bieten. Von den schlechteren Provinzhotels würde ich sowieso abraten. Das ist nur etwas für besonders hartnäckige Freunde des authentischen Reisens. Ich erlaube mir noch eine Anmerkung zur sanitären Gesamtlage: Üblicherweise besteht die chinesische Toilette aus einem mehr oder weniger sauberen Loch mit einem Blech- oder Steingutmantel, auf das man sich dann hocken muss. Ich schätze das wirklich nicht sonderlich und ziehe es dann beispielsweise vor, nicht die Toilette des Restaurants zu benützen, in dem ich gerade bin, sondern lieber in mein Hotelzimmer zu gehen. Manchmal nehme ich sogar lieber ein Taxi zum Hotel und dann zurück zum Restaurant. Wer einmal auf Reisen in natura die klassische Latrinenlage erlebt und erlitten hat, die immer noch in weitesten Teilen Chinas auf den Touristen lauert, der wird mich möglicherweise verstehen.

Auf einer dieser sogenannten Urlaubsreisen, die mich in diesem Fall in die schöne und landschaftlich sehr abwechslungsreiche Provinz Sichuan führte, die im Grunde allerdings nichts weniger als eine Erholungsreise war, boten sich mir immerhin tiefe Einblicke in die verborgenen Schätze der chinesischen Bau- und Architekturkunst.

Besonders ein Hotelbau in der kleinen Stadt namens Song Pan überraschte. Er spiegelte für mich in seiner, auf den ersten Blick ziemlich schlichten Architektur, die Strukturen der chinesischen Gesellschaft wieder. Hinter der visuell schlichten *Gebäudegestalt* versteckt, entpuppte sich der *leicht verfallene* Baukomplex im Grunde als geradezu paradigmatisch.

Legosteinen gleich, reihten sich hintereinander die vier Hotelblocks auf. Der erste dieser Legoriegel stand zur lärmenden Hauptstraße hin und wirkte auch merklich am weitesten heruntergekommen. Hier fand ich die billigsten Zimmer mit acht oder zwölf Betten ausgestattet. Die gruseligen Gemeinschaftstoiletten, natürlich zum Hocken, befanden sich in der unteren Sanitäretage, die sich durch das ganze Gebäude zog. Toilettentüren hatte man natürlich weggelassen. So war die ungehinderte Kommunikation zwischen den Nutzern gewährleistet. Fragen der Hygiene wurden im Gesamtkonzept des Hotels weder gestellt noch beantwortet.

Direkt neben diesem Gebäudeteil entdeckte ich das Tag und Nacht qualmende, hoteleigene Kohle-Heizkraftwerk. Natür-

lich mit niedrigem Schornstein. Damit war für die gute Be-
und Verqualmung der Hotelzimmer gesorgt. Die hauseigene
Müllverbrennungsanlage – was bedeutet, dass der Müll an die
Hausmauer geworfen und angezündet wurde – befand sich
praktischerweise direkt unter den zum Innenhof liegenden
Zimmerfenstern dieses Blocks.

So beschreibt sich die Grundidee des sozialen Ausgleichs,
wie sie in China praktiziert wird, in schlichter und doch ein-
dringlicher Weise ganz von selbst. Während die oberen Etagen
also in den Genuss des Schornsteinqualms kommen, haben
die unteren Etagen immerhin das schöne Äquivalent der Müll-
verbrennung. Die Gemeinschaftsdusche für das ganze Haus
befand sich ebenfalls in der unteren Etage und bot heißes Wasser von acht bis neun Uhr morgens. Diese zeitliche Limitie-
rung ist eine weitere und sehr oft anzutreffende Besonderheit
in chinesischen Hotels. Eine der am häufigsten verwendeten
Werbebotschaften im chinesischen Gastgewerbe ist denn auch
der Hinweis auf einen Heißwasser-Service rund um die Uhr.

Ich schlich mich an den aufsichtführenden Damen vorbei
in den nächsten Block. Hier gab es immerhin schon Zwei- und
Dreibettzimmer und auch Gemeinschaftsduschen auf den Etagen. Die Hockklos hatten sogar Wasserspülung, während im
außenliegenden Straßenblock dem Prinzip der natürlichen Zer-
setzung aller menschlichen Ausscheidungen gehuldigt wurde.
Auch Ansätze von Dekoration fand ich in den Zimmern. Beliebt
sind angegilbte Poster von lächelnden Kindern und vor allem
von noch gnadenloser grinsenden Minderheiten, immer in
farbenfroh-folkloristische Kostüme gewandet. Quietschbunte,
leicht schartige Blumenvasen machen den rundum positiven
Eindruck komplett.

Der dritte Legostein bot bereits Einzel- und Doppelzimmer.
Die Räume waren ausgestattet mit Schreibtischen und einem

separatem Bad mit eigener Dusche und sogar einer Toilette im westlichen Stil, teilweise auch schon in der Edelausführung – nämlich mit funktionierender Klobrille. Hier sah ich sogar Gerahmtes an der Wand. Gern gehängt werden klassische chinesische Landschaften, oft auch Tiger, dazu Kalligrafisches. Es ging bei der Dekoration also deutlich um den gehobenen Gast. Nun lief ich zurück in die Fünfsternesektion. Da wohnte ich ja selbst. Die lag natürlich am weitesten weg von der Straße und blendete schon in der Lobby mit Opulenz in Sachen Raum und Dekor. Rote Kunstledersessel und Sofas von Einzel- und Doppelzimmergröße bildeten den Mittelpunkt des Raumes. Verstaubte Pflanzen aller Art zierten die riesige Hotelhalle, von deren Mitte ein gigantischer Kronleuchter bedrohlich auf die Kunstledersesselpracht herunterprangte. In der Ecke grüßten jede Menge staubiger Pappkartons, die man seit Wochen, möglicherweise auch schon seit Jahren wegräumen wollte. Der Putzeimer mit dem unvermeidlich schmutzigen Putzwasser erholte sich von den Mühen des Tages in einer anderen Ecke. Daneben trocknete still der Wischmop.

Die verantwortlichen Hoteldamen begrüßen auch hier wie überall den Gast als ihren natürlichen Feind und schnauzen ihn erst mal ordentlich an. Das ist meiner Erfahrung nach der klassische Standardtest bei der Anreise. Getestet wird dabei eindeutig der Servilitätsfaktor des Gastes. Lässt sich der Angereiste dominant beeindrucken, hat er schon verloren und bekommt allenfalls die Duldung der Damen. Mein Rat ist, massiv zu redominieren. Gern auch mal richtig laut werden. Mit Höflichkeit und Zurückhaltung kommt man in chinesischen Provinzhotels definitiv nicht weiter.

Nachdem die Rezeptionsdamen schließlich alle Tests abgeschlossen haben und sich bequemten, den Schlüssel für das Zimmer herauszurücken, konnte ich endlich den unnachahmlichen Charme einer chinesischen Luxusherberge genießen. Den Koffer schleppte ich selbstverständlich selbst aufs Zimmer. In meinem Luxuszimmerchen begrüßte mich ein Teppichboden, der geradezu geschaffen war für die Kultivierung der hoteleigenen Bazillen. Hervorragend eignete sich diese unsympathische Fußbodendekoration als ein sicher sehr erholsamer Zwischenaufenthalt für jede Art von Fußpilz, der auf eine neue menschliche Wirkungsstätte wartet. In diesem Fall auf mich. Der guten Ordnung und Fairness halber möchte ich doch noch anmerken, dass in vielen Hotels folienverpackte Frotteéschlappen in den Zimmern bereitliegen. Dummerweise aber meist nur für chinesische Fußformate passend. So presse ich dann meine widerspenstigen Zehen in das offene Vorderteil und surfe mit halbbedeckten Fersen über den bakteriellen Teppichozean meines Zimmers. Möglicherweise sollte ich bei der nächsten Reise mein eigenes, antibakterielles Schuhwerk mitnehmen? Aber wäre das nicht Kapitulation? Da könnte ich mir ja auch gleich auch noch meinen eigenen Nachttopf in den Koffer packen.

Aber wenigstens war die Klobrille komplett erhalten.

Vom Essen allgemein und anderen Zentralthemen des chinesischen Lebens oder was man sich zum Essen bestellen sollte und was nicht

chīfàn le ma – Hast du schon gegessen? So werde ich von Freunden oft begrüßt. Vielleicht handelt es sich ja sogar um die Weltformel, die China erklärt. Hier ist diese Grußformel auf jeden Fall genauso populär wie die Begrüßung mit Nĭhăo, was übersetzt so viel wie »Guten Tag« bedeutet. In den Sternennebeln chinesischen Denkens gibt es jedenfalls drei Fixsterne: Frühstück, Mittag- und Abendessen.

Manchmal weiß ich wirklich nicht, warum ich eigentlich überhaupt noch ins Büro gehe. Kaum schalte ich meinen Rechner ein und schaue gerade in die E-Mails, da kommen schon die ersten Kollegen mit der Frage, was wir wohl zum Lunch essen sollten. Im Grunde könnte ich mir also den Umweg ins Büro sparen, besser direkt ins Restaurant gehen und mich gleich dort mit den Kollegen treffen. Die wichtigsten Entscheidungen besprechen wir sowieso beim Essen. Das ist ja auch logisch. Denn vor dem Essen sind natürlich alle zu hungrig und hinterher sind wir ja auch zu müde.

Der oberste Chef unseres Büros hat das Problem der Müdigkeit nach dem Lunch übrigens sehr stilvoll gelöst, finde ich. Er hat sich ganz einfach im selben Haus, in dem unsere Büros sind, eine kleine Wohnung gemietet und hält dort sein Nachmittags-Nickerchen. Meine weniger privilegierten Kollegen müssen sich damit begnügen, den Kopf auf die Schreibtischplatte zu legen. Das funktioniert aber auch recht gut. Meiner Beobachtung nach sind alle Chinesen in der beneidenswerten Lage, praktisch überall ein Nickerchen machen zu können.

Aber bevor wir unser Nachmittagsschläfchen halten dürfen, müssen wir erst mal arbeiten, respektive essen. Das kann für einen Ausländer wie mich schon so ziemlich dasselbe bedeuten. Jetzt stellt sich uns allen wieder einmal die Frage aller Fragen, nämlich Sichuan oder Kanton oder doch lieber Shanghaiküche? Oder doch Mongolisch? Im Grunde hat praktisch jede der dreiunddreißig chinesischen Provinzen und Territorien, Hongkong und Macao eingeschlossen, eine eigene Küche, die mal mehr ins Scharfe geht, wie viele meiner Lieblingsgerichte, die aus Yunnan, einer subtropischen Provinz im Südwesten (neben Burma) kommen oder mehr ins Deftige, wie die Gerichte aus Peking oder den noch weiter nördlich liegenden Provinzen, wo ich tatsächlich so etwas Deutsches wie Weißkohl mit Schweinebauch gegessen habe. Kartoffeln waren auch dabei. Dazu gab es Bier und Schnaps. Ich kam mir vor wie in meiner Heimat Niedersachsen.

Nachdem wir dann endlich die wichtige Frage geklärt haben, in welches Lokal wir gehen, macht sich tiefe Erleichterung auf den Gesichtern breit. Es ist ja nun auch wirklich höchste Zeit, zum Mittagessen zu gehen, denn schließlich geht es schon auf zwölf Uhr. Andere Kollegen haben es nicht ausgehalten und sich traditionsgemäß bereits um halb zwölf zum Lunch verabschiedet.

Das Restaurant haben wir jetzt schon mal ausgesucht. Weitere wichtige Fragen stehen nun zur Klärung an. Vor allem müssen wir besprechen, was wir essen. Auf jeden Fall schon mal so viel wie möglich. Unsere Körper brauchen schließlich Energie. Und je mehr wir essen, umso mehr Energie können wir verbrauchen. Wunderbare Logik! Morgens, mittags und abends wird in China warm gegessen, sehr oft bemerkenswerte Mengen. Durch die immer noch recht ausgewogene Ernährung mit hohem Gemüseanteil und weniger Fleisch hielten sich Gewichtsprobleme in Grenzen. Das ändert sich. Amerikanisches Fastfood wird immer populärer und Kalorienbomben wie Cola, Fanta und die noch süßeren chinesischen Varianten dieser fragwürdigen Flüssigkeiten werden heutzutage gleich literweise getrunken.

Die meisten Speisekarten bieten Fotos der angebotenen Gerichte. Manches Mal sind die Bilder aber doch ziemlich misslungen. Oder möglicherweise auch zu realistisch? Darüber habe ich noch gar nicht weiter nachgedacht. Jedenfalls habe ich schon Speisekartenfotos gesehen, auf denen die schönsten gebackenen Schweinenierchen aussehen wie frisch frittiertes Erbrochenes. Da bin ich doch immer wieder froh, inmitten erfahrener chinesischer Gourmets und vor allem auch Gourmands zu sitzen, die sich rührend um mich sorgen. Ich glaube aber auch, dass meine mit mir essenden Kollegen sich manchmal nicht wirklich sicher sind, ob meine Begeisterung, mir auch für Ausländer eher fragwürdige Gerichte, wie Blut-Tofu, gedünstete Schweineschließmuskel, Kaldaunen vom Schaf und ähnliches einzuverleiben, nicht ab und zu vorgespielt ist. Und manchmal werden sie sich wohl fragen, ob es mir auch wirklich schmeckt. Ich möchte an dieser Stelle also schnell noch anmerken: JA, mir schmecken Schweineanus in Knoblauch gedünstet ebenso wie gebratene Schafsinnereien und ich mag auch Kalbshirn und Fischköpfe. Kein Problem, liebe Kollegen. Ich mag das alles. Nur warmes Bier muss wirklich nicht sein. Kalt schmeckt es mir besser.

Aber natürlich haben meine Kollegen mit ihrer Skepsis nicht ganz Unrecht. Aus chinesischer Sicht verstehen wir Ausländer nämlich absolut nichts von gutem Essen. Wir geraten ja schon beim Anblick des wild zuckenden Fisches, den die Kellnerin noch freudig der Tischrunde zum Abnicken vorzeigt, bevor er in der Küche dann mit Ingwer, Frühlingszwiebeln und Reiswein zubereitet wird, in Panik. Wir verschmähen außerdem das Beste vom Fisch, den Kopf, und nie stürzen wir uns mit Begeisterung auf die gekochten Hühnerfüße.

Aus chinesischer Sicht haben wir kulinarisch gesehen vielleicht gerade mal den Hauptschulabschluss geschafft, während die einheimischen Esser mindestens alle das Abitur haben – oder wenigstens die mittlere Reife. Das weckt bei den mitfühlenden Chinesen kulinarisches Mitleid und den Eindruck, wir Ausländer bräuchten Mitgefühl und Hilfe.

Helfen heißt manchmal aber auch Schweigen. Oder vielleicht besser Verschweigen? Meine erste Schlange zum Beispiel servierte man bei einem natürlich opulenten Arbeitsessen in Chengdu, der Hauptstadt der Provinz Sichuan. Diese im Südwesten Chinas gelegene Provinz ist allgemein bekannt für scharfe Gerichte. Ich wusste natürlich, dass sich die Gastgeber vorgenommen hatten, uns, die Gäste aus Peking, mit den leckersten Spezialitäten des Landes zu bewirten. Allerdings hatte ich keinen Schimmer, welche das dann sein würden.

In China ist es Sitte, dass alle Gerichte auf dem Tisch auch für alle da sind. Niemand bestellt sich etwas nur für sich selbst. Es müssen auch immer mehr Gerichte als Esser vorhanden sein und es gilt: je mehr, desto besser. Auf dem Tisch stand also eine beeindruckende Menge von wohlgefüllten Schüsseln und Tellern. Es hätte mich schon wundern müssen, dass mir niemand erklärte, was da alles auf dem Tisch stand, denn das Vergnügen, mich mit der Vielfalt chinesischer Gerichte zu beeindrucken, hatten sich meine Kollegen bisher noch nie entgehen lassen. Aber alle schwiegen gespannt, als ich mir mit meinen Ess-Stäbchen ein Stück hühnerähnliches Gerippe griff und es abnagte. Ich dachte an gekochtes Küken, es schmeckte nur ein bisschen süßlicher. Erst jetzt fragte mich mein Nachbar, etwas heimtückisch grinsend, ob es mir denn wohl geschmeckt habe? Gerade hätte ich nämlich gedünstete Schlange gekostet. Ich glaube, alle waren wohl ein wenig enttäuscht, dass ich nicht mit der Wimper zuckte, geschweige denn grün im Gesicht wurde und würgend hinausgelaufen bin. Hätten die Kollegen nicht geschwiegen, sondern mir gleich erzählt, was ich da esse, hätte ich die Schlange ziemlich sicher nicht gegessen. Meine chinesischen Kollegen waren dann aber auch wirklich stolz auf mich, wie gut ich mich schon kulinarisch integriert hatte.

Am nächsten Abend machten wir einen Spaziergang über den kleinen Nachtmarkt neben unserem Hotel. Da gab es die allerschönsten Kulinaria. Stinketofu, Bambuswürmer, angebrütete Hühnereier, niedliche zwei bis drei Tage alte Baby-Reisratten, putzige Kröten, die in einem kräftigen Reisweinsud gekocht werden, und natürlich Schlangen aller Art. Unsere Begleiter aus Chengdu, die uns über den Markt führten, schwärmten von der Schmackhaftigkeit der kleinen Reisratten. Reinste Bioware! Ich wollte aber die kulinarische Integration dann doch nicht übertreiben und lehnte auch im Namen meiner Pekinger Kollegen ab, bei denen sich auch bereits leichte Würgereize zeigten. Etwas enttäuscht über meine Ignoranz, bestellten unsere Gastgeber dann wenigstens noch frittierte Bienen und Skorpione, die wir gemeinsam wegknusperten.

Es krachte sehr salzig im Mund, ein Geschmack wie mehr oder weniger stark versalzene Kartoffelchips. Immerhin – gestochen wurde ich von den frittierten Insekten zwar nicht, aber trotzdem war das ein Essvergnügen, das ich nicht noch mal haben muss. Dann vielleicht doch lieber Schlange?

Im Lauf meiner kulinarischen Abenteuer habe ich natürlich auch einige, sozusagen ethnologisch-kulinarische Kleinstbeobachtungen gemacht. Dazu gehört, dass Essen den Chinesen nicht nur wahnsinnig viel Spaß macht, sondern dass es tatsächlich eine ihrer zentralen Obsessionen ist.

Essengehen ist meines Erachtens auch der wichtigste soziale Kitt, der die unterschiedlichsten Gruppen dieses Landes und ihre Partikularinteressen miteinander verbindet. China ist ein Land, in dem üblicherweise niemand auf den anderen Rücksicht nimmt. Warum auch? So ist die Lust am Essen eines der wenigen nationalen Gemeinsamkeiten, auf die sich fast alle Chinesen einlassen können. Da ist es doch kein Wunder, dass wichtige Abschlüsse und Entscheidungen während und nach dem Essen getroffen werden. Den Rest der Zeit muss man schließlich damit verbringen, den anderen hereinzulegen und Strategien zu entwickeln, sich möglichst nicht an die beim Essen getroffenen Vereinbarungen zu halten. Dann gibt es nämlich einen neuen Grund Essen zu gehen – um sich über die Vertragsverstöße zu unterhalten.

Möglicherweise hätte man sich die ganze Kulturrevolution und viel anderen Unsinn in den ersten Jahrzehnten seit der Gründung der Volksrepublik China 1949 ersparen können, wenn man den Bürgern gleich Kochen statt Kommunismus geboten hätte. Wie erfolgreich das Konzept ist, sieht man ja im umgehend einsetzenden Wirtschaftsboom seit der Legalisierung privater Restaurants und Garküchen Anfang der Achtzigerjahre.

Ich habe diese Zeit des Aufbruchs ja nicht erlebt, aber ich kann es immer noch in den Gesichtern der Freunde und Kollegen sehen, die diese Zeit erlebt haben. In China beginnt die Befreiung des Menschen aus seiner Unmündigkeit auf jeden Fall auch im Kulinarischen.

Ich habe mir in diesem Zusammenhang schon öfter überlegt, dass wir Westler möglicherweise froh sein sollten, dass die Chinesen nicht schon vor sechzig Jahren mit dem freien Kochen und der Liberalisierung des Restaurantmarktes angefangen haben.

Sonst würde die Weltmacht Nummer eins vielleicht längst schon China heißen.

Von deutschen und chinesischen Dreharbeiten und anderen interkulturellen Heiterkeiten

Das Anstrengendste an China sind die Chinesen. Das Gleiche gilt natürlich – aus chinesischer Sicht – umgekehrt für Deutschland. Möglicherweise sind das Anstrengendste aber auch deutsche Filmteams, die in China drehen möchten. Als einziger Deutscher, ja als einziger Ausländer überhaupt, arbeite ich in einer chinesischen Organisation, die für nationale und internationale Dokumentarfilmproduktion zuständig ist. So gelte ich bei beiden Seiten als eine Art Experte jeweils für die Gegenseite. Nicht, dass ich mich unbedingt selbst interkulturell für besonders kompetent hielte – aber es ist ja meist kein anderer verfügbar, der es besser wüsste. Generell könnte man sagen: Ich arbeite als eine Art Mediator zwischen den seltsamen Vorstellungen des deutschen Produktionsteams und des chinesischen Produktionspartners von- und übereinander.

Manchmal bin ich auch mehr so etwas wie ein Punchingball. Manchmal helfe ich herauszufinden, was man eigentlich gemeinsam machen und erreichen möchte und rutsche dann auf den sich daraus lawinenartig entwickelnden Missverständnissen aller Schattierungen zu Tal.

Die Mutter aller Missverständnisse auf der deutschen Seite ist stets von neuem die Idee, dass Chinesen wohl schon ein bisschen anders aussehen, möglicherweise Hunde essen und auch sonst etwas weiter weg wohnen, aber grundsätzlich genau die gleichen Wünsche nach Präzision, Pünktlichkeit, fester Terminplanung, Terminsicherheit auf die nächsten Monate im Voraus (natürlich möglichst schon mit Uhrzeiten) haben wie sie selbst. Das ist ja auch gar nicht schlimm. Meiner Beobachtung nach zeigen wir alle ganz generell diese Art von Ego-Zentrismus. Wenn auch individuell betrachtet in mehr oder weniger starker Ausprägung.

Die Urmutter der Missverständnisse auf der chinesischen Seite ist die Idee, die Deutschen hätten für ihre Produktionen eigentlich immer zu viel Geld zur Verfügung und deshalb sollte es der chinesischen Seite vor allem darum gehen, den Deutschen zu helfen, es sinnvoll auszugeben. Im Klartext bedeutet das: möglichst viel Geld in die eigenen Taschen umzuleiten.

Nun ist es tatsächlich manches Mal so, dass gerade Deutschland sehr viel Geld in Projekte investiert, die den Chinesen als reine Geldverschwendung erscheinen. Die Deutschen verhandeln ja auch selten die Preise und zahlen daher in vielen Fällen wesentlich mehr für Dinge und Dienstleistungen, als tatsächlich nötig wäre. Deshalb entwickelt man in China eine beeindruckende Kreativität, uns Deutschen möglichst viele teure Dinge und noch teurere Dienste anzubieten respektive für besonders einfache Dienstleistungen, die eigentlich viel preiswerter zu haben wären, besonders viel Geld zu verlangen.

Ein Redakteur eines weniger bekannten deutschen Fernsehsenders wollte einmal selbst vor Ort ein wenig recherchieren, um sich unbeeinflusst ein authentisches Bild vom Produktionsumfeld in China zu machen, wie er mir sagte. Das ist ja eigentlich immer eine gute Idee, finde ich, und sollte häufiger gemacht werden. Der Redakteur wollte aus Authentizitätsgründen nicht einmal vom Flughafen abgeholt werden und auch sonst möglichst wenig Betreuung. So kam er vom Flughafen ganz allein mit dem Taxi zu uns ins Büro. Sehr stolz erzählte er mir dann als Erstes, wie er dem Taxifahrer den

Fahrpreis heruntergehandelt hatte. Statt umgerechnet einhundertfünfzig Euro habe er lediglich neunzig Euro bezahlt.

Er war dann doch etwas enttäuscht, als ich ihm sagen musste, dass der übliche Fahrpreis für diese Strecke bei ungefähr zehn Euro läge. Mir schien er ein wenig sauer, ob auf den Taxifahrer oder auf sich selbst oder vielleicht auch auf mich, weil ich seine Illusionen über seine Kompetenzen im Feilschen zerstört hatte, weiß ich nicht so genau. Aber ich tröstete ihn. Er hatte immerhin bereits kurz nach der Landung, zwischen Flughafen und Büro, erfolgreich damit begonnen, vollkommen selbstständig seinen ersten authentischen China-Schnappschuss zu machen.

Der Wunsch nach langfristiger Planung, Zuverlässigkeit, Pünktlichkeit und Terminsicherheit ist bei uns Deutschen wirklich ganz besonders stark ausgeprägt. Das habe ich tatsächlich in seiner tiefen Konsequenz erst begriffen, seit ich in China lebe. Hier werden all diese Eigenschaften zwar auf der einen Seite ziemlich bewundert oder, besser gesagt, respektiert. Trotzdem gehören sie aber noch nicht einmal zu einer Unterart der Sekundärtugenden.

Respekt oder Bewunderung gelten eher als Form von Exotik. So wie man vielleicht jemanden bewundert, der den Amazonas mit dem Paddelboot befährt oder sich mit Melkfett einschmiert und dann durch den Ärmelkanal schwimmt. Eine beeindruckende Leistung, das schon. Aber würde man auch selbst auf so eine Idee kommen? Ich jedenfalls nicht, so der Chinese.

Mein diesbezüglicher Erkenntnisprozess verlief in zwei Phasen – zuerst habe ich sehr viel Zeit damit zugebracht, mich darüber zu ärgern, dass es hier nicht so ist wie in Deutschland. Dann habe ich mindestens genauso viel Zeit damit verbracht, mich darüber nicht mehr zu ärgern. Offen gesagt durchlaufe ich auch heute noch immer mal wieder die eine oder andere Prozessphase. Besonders in solchen Momenten fällt mir dann auf, wie deutsch ich doch eigentlich bin. Auch nach so langer Zeit in China grüßt pünktlich und präzise immer mal wieder der Germane in mir.

Wehgeschrei erklingt regelmäßig in Deutschland, wenn ich dort bei Produktionsbesprechungen zur Kenntnis gebe, dass ich leider nicht garantieren könnte, dass wir beispielsweise in drei Monaten auf der allchinesischen Landwirtschaftsausstellung in der schönen Stadt Qingdao drehen könnten. Die Stadt war einmal unter dem Namen Tsing Tau eines der Zentren des deutschen Kolonialwahns in Asien. Aber immerhin haben die Deutschen dort das einzige Abwasserkanalsystem ganz Chinas hinterlassen. Es funktioniert übrigens heute noch. Mit der Drehgenehmigung würde es höchstwahrscheinlich wohl schon klappen, möglicherweise aber auch nicht, beschreibe ich die Situation.

Das findet man eben erst vor Ort heraus. Egal was man sich in Deutschland so wünscht. Ich erkläre, dass drei Monate in China eine kleine Ewigkeit seien. Soweit im Voraus macht dort niemand Termine. Die meisten Chinesen haben ja noch nicht einmal einen Terminkalender. Und eine solche, drei Monate alte Drehgenehmigung hätte beim Drehstart sowieso nur noch antiquarischen Status und wäre eventuell für Sammler chinesischer Dokumente attraktiv.

Gelernt habe ich im Lauf meines chinesischen Berufslebens auch, dass man Einladungen zu Pressekonferenzen oder Ähnlichem nicht früher als sieben Tage vor dem Ereignis losschickt. Am besten noch später. Zusagen auf chinesischer Seite werden oft nur deswegen gemacht, weil man seine Ruhe haben möchte. Das trifft meiner Erfahrung nach genauso auf Absagen zu. Deshalb kann die Genehmigung von heute morgen schon wieder hinfällig sein. Umgekehrt ist es aber genauso. Das führt natürlich regelmäßig dazu, dass sich im Grunde niemand um irgendetwas von dem schert, was vor einigen Tagen oder Wochen gesagt wurde. Die Lebenserfahrung eines jeden Chinesen besagt denn auch: Probiere es doch einfach noch mal. Es kann ja gerade jetzt schon wieder ganz anders sein. Mir geht es inzwischen ja ganz genauso. Ich nehme das alles nicht mehr so ernst. Genehmigung hin, Genehmigung her. Es wird schon irgendwie klappen. Schwierig ist es natürlich, wenn ich diese, aus deutscher Sicht doch leicht frivolen Erkenntnisse fröhlich lächelnd in einer Konferenzrunde irgendwo in Deutschland verbreite.

Und dann holt uns die Realität ein: Irgendwie scheint es doch nicht zu klappen, als ich mit dem zeitlich voll durchgetakteten deutschen Produktionsteam in Qingdao auftauche. Auf der allchinesischen Landwirtschaftsmesse weiß natürlich niemand, dass wir kommen.

Ach, es gibt E-Mails? Was sind denn eigentlich E-Mails? Soso, wir haben telefoniert? Wir wissen von nichts! Uns hat keiner was gesagt.

Ein paar Diskussionsrunden später sind wir immerhin schon auf einer Gesprächsebene von »Na ja, wir wissen vielleicht-möglicherweise-unter Umständen ja doch irgendwas« angekommen.

»Geduld ist einer der Wege«, so hieß der Leitspruch der Kölner Judoschule, die ich einmal vor vielen Jahren besuchte. Natürlich vergeblich, wie die meisten anderen Schulen auch. Ich schätze es nun mal nicht, angebrüllt zu werden. Das war dort aber wohl integraler Bestandteil des Unterrichts. So ging ich halt wieder. Das Schulmotto allerdings ist mir dann in China wieder eingefallen und wirklich, es hat sich als sehr nützlich und manches Mal als beruhigend erwiesen.

Jetzt sind wir immerhin schon von den freundlichen, wenn auch etwas verbissen lächelnden jungen Damen an der Einlasskontrolle zu Frau Ming Huang, einer freundlichen, geradezu kompetentlächelnden Mitarbeiterin in den Büroetagen der Messe aufgerückt. Frau Ming weiß zwar eigentlich auch nicht so recht, was sie mit uns anfangen soll und warum wir überhaupt hier sind, will aber wenigstens mal ihren Vorgesetzten, den Herrn Zhao fragen. Vielleicht weiß der ja was. Sobald Herr Zhao wiederkommt, natürlich. Also warten wir ab und trinken im wahrsten Sinn des Wortes Tee. Leider aus Pappbechern.

Wie üblich werden die trockenen Teeblätter einfach in den Becher getan und mit heißem Wasser überbrüht. Wir verbrennen uns also ein bisschen die Finger und versuchen gleichzeitig nicht allzu viele der inzwischen aufgequollenen, im Becher herumschwimmenden Teeblätter mitzutrinken. Diskret spucken wir sie auf den Fußboden, was niemanden weiter stört. Die Minuten vergehen und die Zeit für das Mittagessen kommt.

Die Mittagspause ist meiner Erfahrung nach in China die wichtigste Tageszeit. Jetzt läuft erst mal gar nichts mehr. Die freundliche Frau Ming rät uns, doch selbst auch zum Lunch zu gehen und heute Nachmittag wiederzukommen.

In Deutschland hat die Mittagspause allgemein ja keinen so hohen Stellenwert. In deutschen Büros arbeitet man schon mal durch, holt sich vielleicht nur ein Sandwich. Manchmal reicht auch ein Kaffee. Für praktisch jeden Chinesen ist das unvorstellbar. Chinesen sind Lunchtime-Junkies. Kriegen sie ihre Pause nicht, sind sie sofort voll auf Entzug. Der Rest des Tages ist dann sowieso im Eimer.

Es kostet mich immer wieder viel Mühe, die Produzenten und Regisseure, die frisch und arbeitswütig aus Deutschland eingeflogen sind, von dieser zentralen Tatsache zu überzeugen.

Gelingt mir das nicht und die Pause wird ignoriert, sodass das chinesische Team durcharbeiten muss, klappt beim Dreh den ganzen Tag garantiert gar nichts mehr. Und am nächsten Tag wahrscheinlich auch nicht. Weil sich alle chinesischen Teammitglieder die ganze Zeit nur mit der Frage beschäftigen, ob der dumme deutsche Ausländer die Mittagspause schon wieder ausfallen lässt. Der zivile Widerstand organisiert sich dann automatisch und praktisch von ganz allein. Eine unendliche Traurigkeit breitet sich am Drehort aus. Bewegungen werden immer langsamer, hörbare und stille Seufzer werden ausgestoßen, die Kamera steht plötzlich immer am falschen Platz, Kabel scheinen zentnerschwer zu werden und je dynamischer der deutsche Regisseur herumfuhrwerkt, desto phlegmatischer wird das sonst so fröhliche chinesische Team.

Wir beherzigen also den Rat von Frau Ming und erklären uns bereit, essen zu gehen. Ich frage sie, ob sie uns etwas empfehlen kann. Das gefällt ihr. Sie nimmt uns mit in das Messerestaurant. Beim Essen erzähle ich ihr, wie harmlos unsere Dreharbeiten seien und dass es nur darum gehe, die deutschen Messestände zu filmen. Ach ja, Deutschland. Das sei ein gutes Land, meint sie sehnsuchtsvoll. So ordentlich und solide. So schöne Autos und Küchengeräte.

Warum sollte ich Frau Ming widersprechen? Sie hat ja so recht. Erfreulicherweise entdeckt sie unter den Essenden plötzlich auch Herrn Zhao. Der wird jetzt hektisch an unseren Tisch gewunken. Ich bestelle sofort noch ein paar Gerichte mehr. Wir essen und erzählen. Von Deutschland und China und den guten deutschen Autos und dem guten deutschen Bier. Wir verstehen uns inzwischen ganz prima. Ich bestelle deshalb sofort noch ein paar Gerichte mehr. Frau Ming erklärt ihm währenddessen die Sachlage. Jedenfalls gehe ich davon aus. Ich habe zwar nicht wirklich viel verstanden, aber Herr Zhao schaut uns milde lächelnd an. Wir werden uns schon einigen. Es ist ja alles ganz einfach. Herr Zhao gibt uns die Drehgenehmigung, gegen Erstattung der Unkosten natürlich. Frau Ming wird dann einfach mit uns mitkommen, wenn wir drehen. Da kann nichts passieren. Ich zahle die Rechnung und wir gehen ins Büro. Wunderbar.

Leider ist es jetzt schon zu spät zum Drehen. Wir müssen morgen wiederkommen. Natürlich gehen wir dann wieder mit Herrn Zhao zum Mittagessen. Ich freu mich schon darauf.

Ich suche mir eine Wohnung in Peking und stelle mir das Suchen wohl doch etwas zu einfach vor

In Peking eine Wohnung finden? Das ist doch ganz einfach! Dachte ich mir jedenfalls. Auf den ersten Blick sah es auch so aus. Man findet im Internet und in den englischsprachigen Stadtmagazinen für Expats (das sind die dauerhaft in China lebenden Ausländer) wie »Thats Beijing« jede Menge Wohnungsangebote. Und dazu jede Menge englischsprechender Real Estate Agents, also Makler, die einem gern helfen, die Traumwohnung zu suchen und zu finden.

Da sie überwiegend Namen haben wie Ma Honghong oder auch Shao Xiang, die frisch eingereiste Expats meist nicht richtig aussprechen, geschweige denn sich merken können, geben sie sich freundlicherweise westliche Vornamen wie Pearl, Summer oder auch eher Schlichtes wie Rita. Die Herren unter ihnen wählen auch ganz gern mal Martialisches wie Tiger oder Colt, entscheiden sich aber meist dann doch für Alltägliches wie Peter oder John.

Außer den westlichen Ausländern gibt es ja auch eine große Zahl von Expats aus Russland, aus Japan und Korea, die dann beispielsweise von russisch sprechenden Leonids oder Dunjas betreut werden oder natürlich von japanischen und koreanischen Namensentsprechungen.

Die Gegend um den Pekinger Ritan, oder auch Sonnentempel-Park, ist übrigens so etwas wie das russische Viertel, komplett ausgestattet mit kyrillischer Schrift, den oben erwähnten polyglotten chinesischen Sashas und Dunjas, einer beeindruckenden Anzahl von Läden, in denen nur Pelzmäntel verkauft werden und Lokalen, die Moskwa oder Pushkin heißen und in denen der Wodka in so breiten Strömen durch die Kehlen der Gäste fließt wie die Moskwa durch Moskau.

Man kann dort auch die Schaukästen der eindrucksvoll großen, wenn auch nicht sonderlich schönen Botschaft von Nordkorea bestaunen, in denen wunderhübsche Fotos der verblichenen und neuen Führer dieses seltsamen Landes zeigen, wie diese eifrig Fabriken besuchen und mit den Volksmassen tändeln. Ein großer Apartmentblock steht auch auf dem Botschaftsgelände, aber es ist sicher nicht so besonders lustig, dort zu wohnen.

Da rufe ich doch lieber Maklerin Rita an. Im ersten Telefonat mit Rita versuchte ich schon mal, einige von meinen Wohnungswünschen so klar wie möglich zu formulieren. Ich weiß inzwischen, dass schon das seine Tücken hat. In China wird selten etwas klar formuliert, stattdessen zieht man es im Allgemeinen vor, sich möglichst nicht festzulegen und möglichst auch nicht genauer hinzuhören, was der andere sagt. Vor allem, wenn es ein Ausländer ist. Da hört sowieso keiner zu, weil es von vornherein klar ist, dass es sicherlich Unsinn ist und selbst wenn nicht, dann muss das Gesagte auf jeden Fall unbegreiflich sein.

Das hat sicher viele Ursachen, die in den einigen tausend Jahren Kultur- und Sozialgeschichte verborgen liegen, in denen China sich vom Rest der Welt abgeschottet hat. Unabhängig von historisch sicher sehr interessanten und nachvollziehbaren Erklärungen kann es aber besonders den an klare Aussagen und nachvollziehbare Informationen gewöhnten deutschen Expat schon mal in den interkulturellen Wahnsinn treiben.

Wie zum Beispiel mich, wenn ich dringend darum bitte, mir nur Wohnungen mit echten Heizkörpern zu zeigen. In den allermeisten neuen Apartments ist es nämlich üblich, die Wohnung über die zentrale Klimaanlage zu beheizen. Das erspart dem Bauherren nämlich die teure Installation von Heizungsanlagen und gilt dazu noch bei chinesischen Wohnungsbesitzern als ganz besonders schick und hochmodern.

Aber natürlich zeigt mir Rita stolz, als hätten wir nie darüber gesprochen, erst mal ein halbes Dutzend Wohnungen mit hochmoderner Beheizung durch die Deckenklimaanlage. Und erzählt mir, dass die ja sowieso viel besser seien als Heizkörper, die ja immer so schnell verstaubten. Ich begehe sogleich den typisch deutschen Fehler und erkläre ihr ganz genau, warum gerade Klimaanlagen ganz besonders schädlich für die eigene Gesundheit und die Umwelt sind und dazu auch noch Energieverschwender ersten Ranges. Rita hört natürlich überhaupt nicht zu. Das interessiert sie alles nicht. Sie ist sozusagen professioneller im Ignorieren des Unerwünschten als ich im Erläutern des Gewünschten.

Ich bin überzeugt, dass in China in den letzten Jahrzehnten dermaßen viele, möglicherweise Trillionen, ungehörte oder lediglich nur teilwahrgenommene Reden und Ansprachen gehalten wurden. Und ich bin mir sicher, dass die chinesischen Bürger ganz im Sinn von »Überleben durch Anpassung« einfach ein Abschalt-Gen entwickelt haben. Dieses Gen ermöglicht jedem Chinesen stundenlanges Zuhören bei Ansprachen und Reden auf Konferenzen, Sitzungen, bei Mittag- und Abendessen, in Schule und Universität, beim Morgenappell am Arbeitsplatz oder wo auch sonst immer. Wie zum Beispiel bei meinen lichtvollen Ausführungen über die Schädlichkeit von Klimaanlagen.

Natürlich sind auch »richtige« Heizkörper in chinesischen Wohnungen teilweise recht fragwürdige Installationen. In den letzten Jahrzehnten wurden nirgendwo welche eingebaut, die man regulieren respektive an- oder abstellen konnte. Wenn es zu warm wurde in der Wohnung, machte man halt das Fenster auf. Klassisch sozialistische Heizkultur sozusagen.

Heute haben wir Bewohner dieser alten Wohnungen es natürlich viel einfacher mit der Temperaturregulierung. Wenn es einem jetzt im Winter durch die Heizung zu warm wird, benutzt man eben die Klimaanlage zum Herunterkühlen. Das versuchte mir Rita jedenfalls als Argument entgegenzuhalten. Wenn die Klimaanlage doch sowieso zum Einsatz kommen müsse, sei es doch wirklich besser, gleich auf die alten Heizkörper zu verzichten.

So hält die moderne Technik Einzug auch in die abgelegensten chinesischen Wohnzimmer. Ich erklärte ihr, ich sei noch der altmodische Mietertyp und würde lieber das Fenster aufmachen. Spätestens jetzt erkannte meine Maklerin, dass sie es wohl mit einem hochgradig seltsamen Wohnungsinteressenten zu tun habe und schaltete um auf verständnisvolle Krankenpflegerin, die ihren mental eingeschränkten Schützling nicht überstrapazieren wollte.

Also besichtigten wir als Nächstes eine Wohnung mit wunderbar rustikalen Heizkörpern aus Gusseisen, die selbst einer der Lokomotiven alle Ehre gemacht hätten, die ich mir letztens im Pekinger Eisenbahnmuseum ansehen konnte. Ich schaue mir die Wohnung genauer an. Wie üblich in China ist das Wohnzimmer riesengroß. Ein gigantischer Kronleuchter, wie sie in Deutschland in den Fünfzigerjahren en vogue waren, hing bedrohlich von der Decke. Bei mir wurden schlafende Albträume wieder wach. Die anderen Zimmer waren erwartungsgemäß klitzeklein.

In China hat man eine Vorliebe für hallenartige Wohnzimmer, in denen wie Inseln im Meer des Wohnens möglichst umfangreiche Sessel- und Couchgarnituren stehen müssen, die sich zur Gründung einer Ein-Kind-Familie prima eignen würden und teilweise mehr Wohnfläche bieten als manche chinesische Wohnung aus den Fünfziger- und Sechzigerjahren des vorigen Jahrhunderts.

Wie üblich sah der einstmals schöne Parkettboden aufgrund jahrelangen Wischens mit viel Schmutzwasser und wenig Pflegemittel leider auch recht mitgenommen aus. In China scheinen die Putzkräfte übrigens generell eine Liebe zu schmutzigem Wasser entwickelt zu haben. Tatsächlich ist es mir trotz intensiver Nachforschungen noch nicht gelungen, irgendwo mal einen Putzeimer mit sauberem Wasser zu entdecken. Ich nehme an, die Putzfrauen und Putzmänner führen während der Arbeit stets eine Art Drecksack mit, aus dem sie nach Bedarf konzentrierten Schmutz entnehmen können, um das Wasser sozusagen nachzufärben, falls ihnen der Schmutz auf dem Fußboden einmal nicht ausreicht.

Ein kurzes Öffnen der schon ziemlich mitgenommen aussehenden Küchenschränke zeigte mir allerhöchsten Reinigungsbedarf. Allerdings wurden die Dinger vielleicht bloß noch durch den jahrzehntealten Schmuddel zusammengehalten – wie so vieles andere in diesem Land. Blitzartig mutierte ich dann zur deutschen Hausfrau. In meinem Kopf war nur noch Platz für ein einziges Wort, und das heißt putzen, putzen, putzen ... Ich kriegte gerade noch die Putzkurve, knapp bevor ich dazu ansetzte, Rita die verschiedenen Möglichkeiten auseinanderzusetzen, eine Wohnung in Schuss zu halten, und merke mal wieder, dass ich mich noch nie deutscher gefühlt habe als in China. Nationale Selbstfindung im Reich der Mitte sozusagen. Das musste ja nun auch nicht sein!

Schnell öffne ich die Backofentür und fand eine ansehnliche Kakerlakenfamilie. Nun gut, alle waren tot, doch wer wie ich einmal in einer Wohnung gelebt hat, in der des Nachts diese Tierchen schon bis ins Schlafzimmer ausschwärmten und sich in meinen Lieblingsbüchern versteckten, wird vielleicht verstehen, dass ich ein wenig neurotisch auf den Anblick dieser in China weitverbreiteten Spezies reagiere. Obwohl meine damalige Vermieterin anfangs gar nicht verstand, was ich mit meiner Beschwerde denn eigentlich wollte. Sie hatte auch eine sehr originelle Erklärung für die Tierchen. Ihrer Ansicht nach waren Kakerlaken erst durch die vermehrte Zuwanderung von Ausländern eingeschleppt worden. Und da ich nun mal Ausländer sei, könne ich mich ja nun wirklich nicht über sozusagen Selbstmitgebrachtes beschweren. Tatsächlich stellte diese Dame meine interkulturelle Geduld doch ziemlich auf die Probe und es war nur meiner eisernen Selbstbeherrschung zu verdanken, dass die deutsch-chinesischen Beziehungen damals keinen dauerhaften Knacks bekamen. Eine neue Wohnung, auf jeden Fall kakerlakenfrei, musste aber trotzdem her.

Meine junge Pflegerin – ich meine natürlich Maklerin – schaute sich die toten Insekten im Backofen etwas ratlos an und erzählte mir dann, dass alles sei doch gar nicht so schlimm. Jaaa, damals in ihrem Studentenheim, da seien praktisch überall diese Tierchen herumgekrabbelt, besonders nachts auf ihrem Gesicht. Aber diese hier – die seien doch schon lange tot. Ich merke an, dass sie wahrscheinlich verhungert seien und ihre lebendigen Verwandten sicher gern zurückkommen würden, sobald es sich herumgesprochen habe, dass es wieder reichlich zu essen gäbe. Bei mir verfestigte sich indessen der Eindruck, dass Rita mich irgendwie nicht witzig fand. Im Geiste addierte sie meine Kakerlakenphobie wohl einfach zu meiner Klimaanlagenmeise. Ich hörte sie geradezu innerlich aufseufzen. Doch ihr Ehrgeiz, vor diesem Ausländer nicht so schnell zu kapitulieren, schien ungebrochen.

Freudestrahlend präsentierte sie mir die nächste Behausung. Leider war jetzt die Küche so klein, dass der Kühlschrank, der

Kleiderschrankformat hatte, im Wohnzimmer stehen musste. Oh je, arme Rita. Schon wieder meckerte ich herum. Zugegeben, ich hatte vergessen zu erwähnen, dass ich finde, dass Kühlschränke in die Küche gehören. Viele Bauherren und Architekten in China sehen das wohl anders, denn in vielen Wohnungen findet sich dort kein Plätzchen dafür. Rita lächelte gekonnt, aber sichtlich leicht gequält. Jetzt auch noch eine Kühlschrankneurose! Ihr Ausländer, ihr lǎowài, war wohl noch zickiger, als sie anfangs vermutet hatte.

Ich lud Rita schnell auf einen Cappuccino in einen westlichen Coffee-Shop ein. Immerhin, das gefiel ihr. Kaffeetrinken ist bei den jungen Leuten eine schicke, immer noch ziemlich exotische Sache. Teuer ist es auch. Und noch ein Muffin für Rita. Damit habe ich sie, glaube ich, versöhnt.

Wir stiefelten ein paar Straßen weiter. Prima. Große Küche, echte Heizkörper. Kein Kühlschrank im Wohnzimmer. Sah gut aus. Aber das Schlafzimmer – es besaß nur ein Fenster – und das ging ins Wohnzimmer. Da hatte der Architekt wohl vergessen, eine Fensteröffnung an der Außenwand einzuplanen.

Langsam schämte ich mich. War ich vielleicht zu anspruchsvoll? Morgens könnte ich doch gleich aus dem Schlafzimmerfenster in mein, natürlich üppig großes, Wohnzimmer schauen. Prüfen, ob auch alles gut aufgeräumt sei. Ist der Blick nach draußen denn soviel besser? Eigentlich ja nicht! Da sehe ich ja bloß auf den Hinterhof, wo Hunderte von rostigen Fahrrädern herumstehen. Sollte ich nicht einfach diese Wohnung nehmen?

Ich entschied mich, Rita lieber noch einen Cappuccino zu spendieren. Und suchte weiter.

Meine āyí, die Haushaltshilfe und die gute Seele meines Haushalts

Meine āyí heißt xiǎo Yīng. xiǎo heißt klein. Also: die kleine Ying. āyí heißt eigentlich Tante. Kindermädchen nannte man einst so. Landläufig übersetzt bedeutet das Wort inzwischen aber im allgemeinen Sprachgebrauch generell Haushaltshilfe. Viele chinesische Familien haben eine āyí. Sie passt auf die Kinder auf, sie putzt, kocht, wäscht und kauft ein. Sie kümmert sich im Grunde um alles. Im besten Fall gehört sie zur Familie. Oft wird sie allerdings auch schlecht behandelt und verdient sehr wenig Geld. Meistens hat sie eine Sieben-Tage-Woche mit nur wenigen Freistunden. Für mich ist xiǎo Yīng aus meinem chinesischen Leben nicht mehr wegzudenken. Was wäre es ohne sie? Inmitten des Chaos, inmitten meines manches Mal für mich immer noch undurchschaubaren Ausländeralltags ist xiǎo Yīng, die wie viele chinesische Frauen mit Mitte dreißig immer noch sehr jung und mädchenhaft wirkt, die Konstante, mein Fels in der Brandung gewissermaßen.

Kaum auszudenken, dass sie nicht mindestens zweimal in der Woche mit ihrem freundlichen Lächeln bei mir aufschimmern würde! An den anderen Wochentagen arbeitet sie noch bei zwei weiteren Ausländern im Haushalt und ist immer pünktlich und zuverlässig. Ich müsste möglicherweise meine Hemden selbst waschen und – noch schlimmer – dann auch selbst bügeln. Natürlich sofern ich nicht auf Ungebügeltes umsteigen möchte. Zum Glück muss ich darüber nicht weiter nachdenken. xiǎo Yīng kann auch wunderbar Knöpfe so annähen, dass der Fadenwurf sich nicht wie eine Perücke über den Knopf legt und das Teil sich nicht mehr knöpfen lässt. Sehr beeindruckend. Mir ist das bis heute nur aus purem Zufall gelungen. Natürlich kann sie auch Geschirr abwaschen. Das Abtrocknen musste ich ihr allerdings erst zeigen. Trockentücher gibt's hier in China nämlich traditionell nicht. So stellte sie das Geschirr immer nass in den Schrank. Inzwischen bewundert xiǎo Yīng mich als Erfinder des praktischen Trockentuchs. xiǎo Yīng wäscht, bügelt, näht, putzt meine Schuhe, sortiert meine Klamotten, kümmert sich um Reparaturen, zahlt die Rechnungen, schmeißt also praktisch meinen ganzen Haushalt, und kennt inzwischen mein privates Leben besser als jeder respektive jede andere. Anfangs hatte ich ja noch ein schlechtes Gewissen, jemanden für mich arbeiten zu lassen, und versuchte, xiǎo Yīng möglichst viel Arbeit abzunehmen. Ich fing sogar an, öfter selbst zu spülen und den Müll runterzutragen als zuvor ohne Ayi.

Eine ganz dumme Idee, wie sie mir schließlich durch eine Freundin dolmetschen ließ. Denn Englisch spricht xiǎo Yīng nicht und gerade anfangs war ich doch immer auf freundliches Dolmetschen von Bekannten angewiesen.

Sie argumentierte ziemlich logisch und nachvollziehbar und meinte, ich solle am besten gar nichts mehr im Haushalt machen. Denn was ich im Vorhinein bereits erledigen würde, könne sie ja nicht mehr machen. Dadurch sei sie dann immer schnell fertig und bekäme natürlicherweise dann auch weniger Geld. Auf diese Weise reduzierte ich durch meine, wenn auch nicht gewollte, rücksichtslose Mithilfe im Haushalt das Familieneinkommen. So verantwortungslos wollte ich natürlich auf keinen Fall sein und stellte fortan jede Bemühung im Haushalt ein.

Tatsächlich ist es für die weniger gut verdienenden Chinesen, die immer noch die absolute Mehrheit im Lande stellen, nicht einfach, sich im immer schneller drehenden Karussell des wirtschaftlichen Aufschwungs zu halten und nicht herauszufliegen. Denn das führt meist direkt ins soziale Nichts. Ohne wesentliche Schulbildung und auch ohne Berufsausbildung gibt es wirklich nicht allzu viele Möglichkeiten, stetig mitzuhalten.

Für die geschiedene und alleinstehende xiăo Yīng ist denn auch das Wichtigste eine gute Schulbildung für ihren kleinen Sohn. Und die kostet viel Geld. Schuldgeld ist ja nur ein Kostenfaktor. Bezahlt werden muss für alle weiterführenden Schulen. Das Schuldgeld in einem besseren Stadtteil von Peking ist natürlich höher als in einer schlechteren Gegend. Dazu kommen die hohen Anmeldegebühren für die Schule, die Kosten für Bücher, Bleistifte und alles mögliche Lehrmaterial, das meist im schuleigenen Geschäft gekauft werden muss. Da ist es natürlich viel teurer als zum Beispiel im Laden um die Ecke. Am Beispiel von xiăo Yīng sehe ich immer wieder, dass vieles in China sich in den letzten drei Jahrzehnten für wirklich viele Menschen zum Besseren gewandelt hat. Ich bin sicher, kaum jemand möchte die alten Zeiten jemals wieder zurück. Doch für viele Bürger Chinas bleibt das Leben auch weiterhin hart – heute allerdings aus anderen Gründen und oft mit besseren Perspektiven, wenigstens für die Kinder.

Eines Tages erlag meine Vermieterin, wie so viele Chinesen mit ihr, dem technischen Aufrüstungswahn. Sie schaffte eine Geschirrspülmaschine an. Das erregte ungeheures Aufsehen bei meinen Nachbarn. Ein derartig exotisches Haushaltsgerät hatte im ganzen Haus noch niemand gesehen. Außer mir natürlich. Aber ich war ja auch Ausländer. Das zählte also nicht. Meine Vermieterin war superstolz auf ihre Neuerwerbung, deren Sinngehalt sie allerdings selbst nicht so genau zu beschreiben im Stande war.

So war die Spülmaschine so etwas wie ein Investitionssolitär, sozusagen aus sich selbst heraus den Eigenwert generierend, wenn auch der Nutzwert im Bereich des Fragwürdigen blieb. Auch hatte die ganz in bräutlichem Weiß gehalten Maschine durch den Massenauflauf beim Transport bereits ihren Zweck erreicht. Die Nachbarn waren höchst beeindruckt, dass Frau Ren ihrem fremdländischen Mieter eine derartig luxuriöse Höllenmaschine in die Wohnung stellen ließ. Schon die Installation der von einem renommierten deutschen Hersteller produzierten Geschirrwaschanlage wurde unter den aufmerksamen Blicken der gesamten anwesenden Nachbarschaft vorgenommen. Eine Mondrakete in meiner Küche hätte auch nicht mehr Interesse hervorrufen können als dieses unschuldige Geschirrspülmaschinchen. Ich hatte den Eindruck, dass einige Nachbarfrauen schnell ihren Ehemann im Büro anriefen. Es waren jedenfalls auch überraschend viele Männer bei der Installation anwesend.

Meine Ayi, die freundliche xiǎo Yīng, war anfangs auch noch ziemlich neugierig und gespannt auf die weitere Entwicklung. Handelte es sich schließlich um ihre Küche. Außerdem, so etwas Seltsames an Haushaltsmaschine hatte sie auch noch nicht gesehen. Es kam der nächste Tag, der Tag der Einweihung. Dazu waren die Nachbarn allerdings nicht geladen. Das Ganze machte auf mich eher den Eindruck einer VIP-Party, nur für geladene Gäste. Zu diesem wichtigen Ereignis versammelten sich also meine Vermieterin und deren aus dem ganzen Stadtkreis Peking angereisten Freunde in meiner Küche und bestaunten verzückt die geheimnisvolle Apparatur. Alles wurde intensiv inspiziert und diskutiert. xiǎo Yīng gehörte zwar nicht zu den VIP-Gästen, war aber natürlich auch mittendrin – denn sie musste diese Höllenmaschine schließlich beherrschen lernen.

Als einziger »Experte« stand ich zur Verfügung. Man bestaunte mich wie einen Formel-1-Piloten beim Start zum entscheidenden Rennen zur WM. Ich war mir natürlich meiner Wichtigkeit und Bedeutung bewusst. Mit fester Hand und doch mit Eleganz und Stil schichtete ich Teller, Tassen, Gläser, Besteck in das offene Maschinchen. Ich hatte noch schnell einiges Geschirr verschmutzt, damit der Vorführeffekt noch etwas eindrucksvoller sein würde. Ich wusste schließlich, was ich meiner Vermieterin schuldig war.

Einige hausinterne Handwerker standen in Bereitschaft, mögliche Wasseraus- oder Einbrüche zu verhindern und umgehend zu beheben. Ich überließ es Frau Ren, den Startknopf zu drücken. Leise surrend und freudig wassersaugend begann die neue Maschine emsig ihre Arbeit. Bewunderung stand auf allen Gesichtern und Stolz, Zeugen solch atemberaubender technischer Fortschrittsvorgänge zu sein.

Allerdings – ich hatte das Gefühl, die Zuschauer seien nicht vollkommen zufrieden gestellt. Tatsächlich, irgendwann kam die aufklärende Bemerkung. Man könne ja gar nicht wirklich hören, dass gespült werde, murrte ein vorwitziger Beobachter. Genau das war es. Es fehlte der übliche Arbeitslärm. In diesem Zusammenhang kann ich allen Herstellern von Küchengeräten mit Interesse am Export nach China nur raten, die Betriebsgeräusche nicht zu stark zu dämpfen. Das ist sozusagen ein No-Go, wie man heute wohl zu sagen pflegt, für den erfolgsorientierten Exporteur. Ich könnte mir sogar vorstellen, dass ein Lautstärkeregler für Arbeitslärm für Produkte am chinesischen Markt eine gern genutzte und sinnvolle Zusatztaste wäre.

Das weitere Schicksal meiner Geschirrspülmaschine ähnelte stark der Laufbahn eines aus dem Nichts zu höchsten Höhen katapultierten Showstars, wie wir das heutzutage gern in den sogenannten Casting-Shows erleben. Nach konzentrierter Aufmerksamkeit und kurzfristiger Prominenz verschwand die schöne Geschirrspülmaschine recht schnell in Funktionslosigkeit und schließlich Vergessenheit. Grund dafür war xiǎo Yīng, die sich entschlossen und mit großer Hartnäckigkeit weigerte, die Maschine in der täglichen Arbeit zu einzusetzen.

Ich tat von Anfang an mein Möglichstes und stapelte brav das schmutzige Geschirr in die Spülmaschine. Natürlich wollte ich, dass xiǎo Yīng damit arbeitet. Doch das tat sie erst gar nicht und dann auf eine Art und Weise, die man tatsächlich mit dem Begriff »Ziviler Ungehorsam« beschreiben kann. Anfangs ignorierte sie die Maschine komplett und ließ das schmutzige Geschirr ungespült in der Maschine stehen. So als sei es gar nicht da. Ich stellte dann den Geschirrspüler selbst an. xiǎo Yīng ignorierte die Maschine weiter und ich räumte das saubere Geschirr einige Male sogar selbst aus. Nicht, dass mich das weiter gestört hätte. Auch habe ich gelernt, dass Chinesen konservativ sind im Denken und Handeln. Also dass sie sich nicht so leicht und so gern mit Neuem und Ungewohntem befassen. So wies ich sie dann doch immer mal wieder recht freundlich darauf hin, dass sie bitte die Spülmaschine benutzen solle.

xiǎo Yīng wählte dann einen doch außergewöhnlichen Weg, den Zwiespalt zwischen der Notwendigkeit, meiner Bitte zu entsprechen und ihre Abneigung gegen die Geschirrspülmaschine aufzulösen: Ich beobachtete sie eines Tages dabei, wie sie das schmutzige Geschirr aus der Maschine nahm, es fein säuberlich mit der Hand abspülte und dann wieder in den ungeliebten Geschirrspüler zurückstellte. Was für eine Idee, dachte ich mir, und wollte jetzt doch Näheres wissen.

In einem freundschaftlichen Arbeitsgespräch, moderiert von einer chinesischen Freundin, rückte xiǎo Yīng mit dem wahren und Hauptgrund für ihre Verweigerungshaltung heraus. Sie betrachtete die Geschirrspülmaschine als Bedrohung ihres Jobs. Geschirrabwaschen gehörte für xiǎo Yīng zu ihren zentralen Aufgaben im Haushalt. Sollte diese Schlüsselaufgabe plötzlich von einer Maschine übernommen werden, könnten ja auch andere Funktionen und Aufgaben wegbrechen und ihre Aufgabe insgesamt womöglich überflüssig machen. Blitzartig verstand ich die Bedrohung, die über ihr schwebte, und mir wurde bewusst, dass ich hier unbedingt Stellung beziehen und Autorität zeigen musste.

Es fiel mir leicht: Ich zog vor ihren Augen den Stecker aus der Dose und legte die dumme Maschine still. In meiner Küche zählt nun wieder bei der Hausarbeit nur noch die Handarbeit.

Eine kleine Einführung in die Pekinger Lärmkunde und warum die Chinesen den Lärm so lieben und warum es ohne Krach in China eigentlich gar nicht geht

Eine meiner zentralen, um nicht zu sagen die zentralste Chinaerfahrung überhaupt, hatte ich schon kurz nach der Einreise in die neue Heimat. Es ist eine Erfahrung, die man hören kann. Und zwar von Anfang an. China ist nicht das stille, freundliche Land mit höflich lächelnden Bürgern, die Rücksicht aufeinander nehmen. China ist laut, ist hektisch, ist brutal. Es wird gedrängelt und geschubst. Jeder will vor dem anderen an der Kasse stehen, jeder als Erster ins Flugzeug oder in den Bus einsteigen und am besten noch, bevor überhaupt irgendeiner, sei es Frau, Mann, Kind oder Greis, irgendwo ausgestiegen ist.

Immerhin – die ungezählten Situationen, in denen gedrängelt und geschubst wird, gehen vorüber. Spätestens wenn ich bei mir zu Hause bin. Da herrscht immer und überall Drängelverbot. Außerdem ist Drängeln an sich ja normalerweise auch nicht mit Lärm kombiniert. Eher mit blauen Flecken. Der landesweiten Vorliebe für Lärm aber kann ich nicht entkommen. Auch nicht in meiner Wohnung. Da hupt es Tag und Nacht von draußen rein. Krachend laute Lautsprecher stehen, hängen, liegen praktisch überall – vor Restaurants, Kaufhäusern, Frisiersalons, Geschäften und natürlich auch vor und in meiner Wohnanlage.

Unterschiedlichste Lautsprecherpopulationen finden ihr Habitat auf öffentlichen Plätzen, Haupt- und Nebenstraßen und natürlich lärmt und säuselt es auch in Parks und Grünanlagen. Dort störte und stört es mich auch immer noch am meisten. Ich gehe am Sonntag gern mal in den naheliegenden Chaoyang-Park, einer der größeren und neueren Parkanlagen in Peking. Geschickt sind sie auf Bäumen versteckt oder auch ganz deutlich sichtbar an Laternen angebracht, die unvermeidlichen Lautsprecher. Manchmal dudeln sie nur leise die üblichen Volkslieder vor sich hin oder einen Tonbrei, den man wohl üblicherweise als Aufzugsmusik bezeichnet. Manchmal aber schmettern auch Armeechöre in Bataillonsstärke, das sind je nach Militärorganisation im Schnitt so um die tausend Soldaten, ihre patriotischen Gesänge aus den dann deutlich überforderten Boxen. Der Lautsprecher als einer der klassischen Multiplikatoren für Krach aller Art hat allerdings in den letzten Jahren, bedingt durch den mit Riesenschritten das Land durcheilenden technischen Fortschritt, schwerste Konkurrenz bekommen. Durch Monitore aller Größen und Arten nämlich, den unentwegt plappernden Bildschirm, der jetzt schon unentrinnbar in Wohngebäuden, Hotelhallen, Aufzügen, Taxen, Restaurants und sogar Toiletten vor sich hin flimmert und brabbelt.

In idealer Weise optimiert der Monitor die Lärmversorgung der Bevölkerung durch die Kombination der akustischen Reize mit den visuellen wie beispielsweise Werbung, Musikvideos, Interviewclips irgendwelcher Film- oder Schlagersternchen etc. So kann durch den Monitor in Idealkombination akustischer und visueller Müll gleichzeitig landesweit distribuiert werden. Leider eben auch bis tief in meinen Hausflur hinein. Ich warte noch auf den Zeitpunkt, an dem die ersten, natürlich nicht mehr abschaltbaren Monitore, bei technisch aufgeschlossenen, modernen Leuten in der Wohnung installiert werden. Es wird nicht mehr lange dauern und ein chinesischer Makler wird mir das bei der kommenden Wohnungssuche als das absolute Highlight modernsten Wohnens anpreisen.

In Metropolen wie Peking, Shanghai, Tianjin oder Guangzhou (Kanton) ist das ja alles bereits Standard. So kann ich morgens im Aufzug und im Taxi und auf großen und kleinen Monitoren überall an den Straßen und natürlich in der U-Bahn die neuesten Werbevideos anschauen oder zum möglicherweise zweitausendsten Mal das superspannende Interview mit dem neuesten Schlagersternchen aus Hainan, Taiwan oder Shanghai, in dem sie mir erzählt, wie toll es ist, ein Schlagersternchen aus Hainan, Taiwan oder Shanghai zu sein und in diesem superspannenden Interview zu erzählen, wie toll es ist, ein Schlagersternchen aus Hainan, Taiwan oder Shanghai zu sein, dass in einem superspannenden Interview erzählen darf ...

Hier liegt übrigens eine wichtige Messlatte der Integration. Wer all das jeden Tag ein paar hundertmal ohne mentale Phantomschmerzen konsumiert hat, dem ist ein wichtiger, nein ein *zentraler* Schritt hin zur Integration in die chinesische Gesellschaft gelungen.

Ich habe bereits mehrere Integrationsschritte hinter mir, andere habe ich einfach heimtückisch übersprungen oder mehr oder weniger geschickt ignoriert. Ich arbeite, wie schon erwähnt, für eine Organisation, in der sich die meisten Leute, natürlich nur, wenn sie nicht gerade essen gegangen sind, mit der Produktion und dem Vertrieb von Dokumentarfilmen für das chinesische Fernsehen beschäftigen. Auch in meinem Büro, das ich mit fünf Kollegen teile, läuft praktisch von morgens bis abends der Fernseher. Bei voller Lautstärke natürlich. Ich glaube, bereits die Putzfrau schaltet am frühen Morgen schon die Kiste an. Sie will ja schließlich auch nicht auf den arbeitsnotwendigen Lärm verzichten. Möglicherweise täusche ich mich? Geht es vielleicht doch um Informationen? Dann ist es seltsam, dass den ganzen Tag über praktisch nie jemand hinsieht.

Akustisch bin ich nach Jahren im Mutterland des Lärms wirklich schon ziemlich abgestumpft, ich meine natürlich integriert. Manchmal kann ich aber trotzdem den Krach nicht mehr ertragen. Dann drehe ich die Fernsehkiste, eigentlich ein an der Wand klebender Monitor, also leiser. Nach einer gewissen Zeit spüre ich jedoch negative Schwingungen im Raum. Es ist die immer stärker werdende mentale Irritation meiner chinesischen Kollegen. Es fehlt ihnen was. Was ist es nur? Ah, genau: die Lautstärke! Schnell hat der Kollege neben mir die Fernbedienung ergriffen. Und Zack, hat er den arbeitsnotwendigen Lärmpegel wiederhergestellt.

Wunderbar! Endlich kann auf dem gemütlichen im Hintergrund dröhnenden Lärmteppich entspannt weitergearbeitet werden.

Natürlich ist unser Monitor nicht die einzige Lärmquelle im Büro. Auch Computer und Laptops haben schließlich Lautsprecher. Außerdem hat jeder Kollege mindestens ein mobiles Telefon oder ein Smartphone mit auf höchste Lautstärke eingestellten Klingeltönen in den unterschiedlichsten akustischen Variationen. Meines lärmt im voreingestellten Standardton, schon weil ich gar nicht weiß, wie ich einen anderen auswählen könnte. Um mich herum aber ergötzen sich die Liebhaber des Lärms am Röhren von italienischen Sportwagenmotoren, der ihnen den Anruf ihres besten Kumpels ankündigt, während die Freundin mit der Titelmelodie aus »Titanic« annonciert wird und der Vorgesetzte mit donnerndem Geschützlärm oder dem pfeifenden Einschlag von Panzergranaten. In meiner Umgebung also hupt und klingelt und kräht und brummt und musiziert es praktisch den ganzen Tag. Die geräuschvoll angekündigten Telefonate werden dann mit der chinatypischen Lautstärke geführt. Das ist im Grunde natürlich auch kein Wunder, denn bei dem Lärm bei uns im Büro muss man ja einfach ins Telefon schreien. Sonst hört einen ja keiner.

Die gleichen Phänomene erlebe ich in Bars, in Restaurants oder auch bei den chinesischen Freunden daheim. Erst mal ist alles hemmungslos laut. Auf meinen Wunsch wird die Musik dann leiser gestellt. Ich entspanne mich. Als Einziger. Für eine Weile. Alle anderen, soweit es sich um Chinesen handelt, machen unglückliche Gesichter. Schließlich hält man die schauerliche Stille nicht mehr aus. Jemand stellt die Musik wieder lauter. Na endlich! Alles entspannt sich und lächelt. Außer mir natürlich. Es ist übrigens egal, was läuft. Schmusepop oder Heavy Metal. Die Hauptsache für einen gelungenen Abend ist: Wir müssen uns schreiend unterhalten. Dazu eine Information am Rande: Alles unter achtzig Phon gilt in China als leise, alles unter vierzig Phon wird bereits als Stille definiert.

Ein ganz wichtiger Zulieferer der lärmproduzierenden Industrie Chinas ist die Baubranche. Zehntausende von Baustellen gibt es allein in Peking. Millionen davon im ganzen Land. Häuser und ganze Straßenzüge werden abgerissen. Hochhäuser, Straßen, Autobahnen, Brücken, U-Bahnen gebaut. Meist von sieben Uhr morgens bis in die Nacht hinein. Oft auch die ganze Nacht hindurch. So trägt die chinesische Bauindustrie zur großen nationalen Aufgabe, der permanenten Produktion von Lärm, ihr Möglichstes bei. Allerdings entstehen gerade in diesem zentralen Bereich inzwischen so gigantische Lärmmengen, dass für Städte wie Peking oder Shanghai bereits die reale Gefahr der Überversorgung besteht. Ein echtes Problem.

Das chinesische Außenhandelsministerium bemüht sich deshalb wohl schon seit Jahren, die Exportbeschränkungen für chinesischen Lärm wenigstens zu lockern. Dessen Verteilung auf die teilweise noch dramatisch unterversorgten ländlichen Gebiete Chinas scheitert nach Aussagen von Insidern oft an den mangelhaft ausgebauten Distributionskanälen.

Die individuell beliebteste Lärmquelle Chinas ist inzwischen aber das Hupen. Da spüre ich nicht nur die schnöde Pflicht zum Krach. Wenn gehupt wird, fühle ich Freude, ja Liebe. Hier darf sich jeder einbringen in die große Aufgabe, den Lärmpegel des Landes auf dem höchstmöglichen Stand zu halten. Ich habe manchmal den Eindruck, dass die Entdeckung der Hupe für China vielleicht eine der wichtigsten Errungenschaften der Neuzeit ist. Das hat natürlich viel damit zu tun, dass noch vor zwanzig Jahren in China praktisch niemand ein Auto hatte. Heute werden pro Tag allein in Peking dreitausend dieser Lärmquellen zugelassen. Autofahren und Hupen. Wie wunderbar. Wer das noch nicht kann, der träumt wenigstens davon. Neben dem Traum von der eigenen Wohnung und dem Lottogewinn ist das Auto einfach Chinas »Must Have«.

Hupen ist für Chinesen natürlich mehr als nur eine simple Lärmquelle. Hupen in China ist Teil der nationalen Kommunikation und neuer sozialer Netzwerke. Dieses Land ist ein Land der Gruppen, nicht der Individualisten. Im Auto sitzt man nun leider ziemlich isoliert, doch hat man erst mal auf die Hupe gedrückt, kann man sowohl das Geräusch des eigenen Huptons genießen als auch Sekunden später bereits die begeistert zurückhupenden anderen Autofahrer hören. Man ist nicht allein! Niemand ist allein!

Tatsächlich – der Kenner kann es unterscheiden: Freude, Ungeduld, Ärger, Begeisterung. Alle diese Grundemotionen können und werden mit den unterschiedlichsten Huptönen ausgedrückt. Manches Mal wird auch einfach nur mal so, aus lauter Lust, gehupt und damit vielleicht auf die eigene Zugehörigkeit zur großen Gemeinschaft der Automobilisten hingewiesen. Natürlich wird die Hupe auch zusätzlich in Gefahrensituationen genutzt, die sich im chinesischen Straßenverkehr ja pausenlos wie von selbst erneuern.

So verbindet die Autohupe zwei entscheidende Grundelemente der modernen chinesischen Gesellschaft: Krach und Kommunikation. Mit ihr kann man unbeschränkt Lärm selbst herstellen und gleichzeitig auf einer ganz neuen Ebene miteinander kommunizieren.

Einiges über öffentliche Verkehrsmittel und das Drängeln als allgemeine Daseinsform

Ich fahre eigentlich ganz gern mit der Pekinger U-Bahn. Die Benutzung trainiert einen ungemein und geradezu wie von selbst in den grundlegenden Disziplinen, die man beherrschen sollte, um im täglichen Kampfgetümmel der chinesischen Zivilgesellschaft nicht unterzugehen.

Natürlich transportiert mich die inzwischen sehr gut ausgebaute U-Bahn mit ihrem über die ganze Stadt reichenden Netz auch schneller zu meinem Ziel als ein Taxi oder der Bus. Der jeden Tag höllenmäßiger werdende Verkehr in Peking produziert jeden Tag auch immer länger werdende Staus, was paradoxerweise dazu führt, dass die wachsende Mobilität die Fahrzeiten zwischen zwei Punkten verlängert, statt sie zu verkürzen.

Nun besitzt, trotz rasanter Wachstumzahlen des chinesischen Bruttosozialprodukts, die Mehrheit aller Pekinger doch noch kein Auto. Also sind jeden Tag Dutzende von Millionen Menschen auf die öffentlichen Verkehrsmittel angewiesen. Und also kann der interessierte Beobachter hier einen tiefen und faszinierend lebendigen Einblick in die Verhaltensweisen und Überlebensstrategien der Pekinger Bürger gewinnen. Wie bewegt man sich im öffentlichen Raum? Wie funktioniert das Zusammenleben? Wie steht es mit der viel zitierten chinesischen Höflichkeit? Gibt es die überhaupt?

Wir werden sehen.

In meiner ganz persönlichen Rangliste nimmt unter den allgemein praktizierten Überlebensdisziplinen das Drängeln in jeder Form und möglichst bei allen sich bietenden Gelegenheiten wohl den vordersten Platz ein. Gedrängelt wird in China immer und überall. Das Drängeln gliedert sich wiederum in verschiedene Unterformen, die natürlich situationsbedingt zum Einsatz kommen.

Freilich kommt es beim Drängeln auch mal zu persönlichen Fehleinschätzungen. Ich habe zum Beispiel beim Betreten des Meldeamtes bei der Polizei genau die Person an der Eingangstür weggedrängelt, die dann später hinter dem Schalter saß, an dem ich meine Meldebescheinigung erneuern lassen musste. Sehr peinlich. So viel zur Möglichkeit, sich falsch vorzudrängeln und dann eventuell im Ergebnis aus China ausgewiesen zu werden.

Ich hatte allerdings Glück, der Schalterbeamte hatte sich mein Gesicht nicht gemerkt – nach dem Motto: Alle Ausländer sehen sowieso gleich aus. Und so wurde ich wahrscheinlich nur als ein Ausländer unter den vielen wahrgenommen, die sich an diesem Tag in der Ausländermeldestelle herumgetrieben hatten.

Eine der Hauptformen des Drängelns ist also, wie ich schon andeutete, das *Vor*drängeln. Das ist nun schon eine bereits derartig durchentwickelte, um nicht zu sagen perfektionierte Form, dass sie möglicherweise bereits wieder einen eigenen Gattungsbegriff bilden sollte. Vorgedrängelt wird praktisch überall. An der Kasse, im Supermarkt, im Kaufhaus, bei der Bank, beim Taxi – völlig egal.

Ganz außerordentliche Möglichkeiten ergeben sich durch die zunehmende Mobilisierung inzwischen im Straßenverkehr. Hier entwickelt der findige chinesische Bürger einen Einfallsreichtum, der mich immer wieder beeindruckt und in mir die Überzeugung wachsen lässt, dass China im Grunde Verkehrsregeln nur deshalb braucht, damit sie dann maximal lustvoll ignoriert werden können. Sei es an einer Ampel, wo man versucht, sich entweder durch sehr stilles, geradezu diskretes Vordrängeln ein wenig besser zu positionieren oder durch energisches Vordrängeln unter Einsatz der Gesamtpersönlichkeit, die Fahrer und Auto und natürlich die Hupe miteinander bilden, vielleicht eine Zehntelsekunde früher in den nächsten Stau zu gelangen, der schicksalshaft spätestens hinter der nächsten Ampel wartet. Gern angewandt wird dieser Kunstgriff auch, um sich im Parkhaus von der Seite den entscheidenden Blockadezentimeter am Ausfahrtsschlagbaum zu sichern, der alle schon länger wartenden Autofahrer daran hindert, vor einem selbst herauszufahren. Natürlich würde keiner der beteiligten, sinnlos hupenden Fahrer auch nur im Traum daran denken, durch einfaches, stilles Nachgeben dem anderen die Ausfahrt zu ermöglichen. Lieber verbringt man den Rest des Tages im Parkhaus.

Einer meiner chinesischen Kollegen erzählte mir in diesem Zusammenhang einmal einen Witz: »Wie viele Autos passen auf einen Parkplatz, der für einhundert PKW ausgelegt ist?

a) In Deutschland,
b) in Japan und
c) in China?

Da die Deutschen sehr präzise und exakte Leute sind, parken hier genau einhundert Autos.

Die Japaner sind es gewöhnt, aus kleinem Raum möglichst viel zu machen und dort so viel wie möglich unterzubringen. Auf dem Parkplatz in Japan würden demzufolge einhundertzwanzig Autos Platz finden.

In China aber parkte dort lediglich ein Auto: quer vor der Einfahrt.«

Es gibt keine Situation im Zusammentreffen von mindestens zwei Chinesen an Schaltern, Barrieren, Kassen und Wartepunkten aller Art, bei der nicht gedrängelt wird. Ich denke mir manchmal, dass Chinesen sich auch deshalb nur in der Gruppe wirklich wohl fühlen, weil sie dann optimal drängeln können. Einsame Chinesen haben halt niemanden zum Drängeln. Die Folgen: seelische Vereinsamung, soziale Deprivation, ja sogar Depression und möglicherweise Schlimmeres – wie zum Beispiel keine Mittagspause.

In der U-Bahn ist niemand einsam. Ganz im Gegenteil. U-Bahn fahren ist sozusagen Gruppentherapie. Es sind immer eine Menge Leute unterwegs *und* es wird gedrängelt. Ich bin also mittendrin im Leben.

Was will ich mehr?

In der U-Bahn kann ich auch deutlich mehr Formen des Drängelns beobachten – und natürlich auch angewendet finden – als beispielsweise an einem simplen Bankschalter: In der Bank geht es praktisch immer ums Vordrängeln.

Hier in der U-Bahn geht es sozusagen um das Drängeln an sich und in all seinen Variationen. Mit einem simplen, rein körperlichen Vordrängeln ist es da wirklich nicht getan! Hier beweist sich der Bürger in der differenzierten Anwendung im Praktischen, sozusagen im professionellen Alltagsmodus. Viele praktizieren das Drängeln in der U-Bahn aber auch als Kunstform. Das ist gelebte Alltagskunst für Millionen.

Prozessentscheidend ist dabei, sich erst einmal in die Station hineinzudrängeln, um überhaupt mitmachen zu können. Nach dem *Hinein*drängeln, das einen gewissen Mut zum Körpereinsatz und zum inneren Loslassen erfordert, ähnlich wie der bewusste Sprung ins kalte Wasser, bin ich jetzt zwar bereits integraler Teil einer allgemeinen Menschenmenge, deren Ziele allerdings sind noch diffus.

Noch ist die Teilung nach Fahrrichtungen, Bahnsteigen oder Waggons nicht erfolgt. Ich muss jetzt also situationsbedingt sofort auf den *Durch*drängelmodus umschalten. Das erfordert bereits ein taktiles Gespür für möglicherweise freie Räume sowie sich öffnende und schließende Lücken. Das sportive Element darf hier keineswegs vernachlässigt werden, denn Schnelligkeit und absolute Zielfokussierung, zum Beispiel auf den gewünschten Bahnsteig oder auch den Richtungsplan der unterschiedlichen Bahnlinien, ist gerade in dieser Phase eine wichtige Voraussetzung, will ich zu den erfolgsorientierten Dränglern gehören.

Ist durch geschicktes Nutzen freier Räume und der gelegentlichen Aufmerksamkeitsmängel der Mitbewerber der Tür- und Einstiegsbereich am Bahnsteig erreicht, muss ich jetzt unbedingt schnellstens auf den *Vor*drängelmodus umschalten. Sozusagen in das Feintuning des Drängelns. Bei routinierten Benutzern öffentlicher Verkehrsmittel in Peking passiert das aber quasi reflexhaft. Ich wundere mich manchmal immer noch über mich selbst. Wie gut bin ich doch inzwischen trainiert und wie selbstverständlich bewege ich mich schon auf diesem Drängelparcours! Nicht schlecht. Allerdings: Ich muss doch immer mal wieder höflichkeitsbedingte Aussetzer verzeichnen, die mich im Wettbewerb um die letzten freien Stehplätze in der Bahn dann schwer zurückwerfen.

Immerhin, diesmal bin ich drin. Eingestiegen und eingequetscht. Einen freien Sitzplatz zu ergattern ist äußerst unwahrscheinlich. Selbst klapprigste Greise und schwangerste Frauen müssen sehen, wo sie bleiben. Auf einem Sitzplatz mal ganz sicher nicht! Wer sitzt, der sitzt. Ich habe auch noch nie beobachtet, dass sich ein Greis oder eine Schwangere je beschwert hätten.

In China kümmert sich niemand um Menschen außerhalb der eigenen Familie oder Bezugsgruppe. Nur innerhalb dieser Netzwerke gibt es, wenn auch unterschiedlich starke, Verpflichtungen, sich zu kümmern. Alle anderen Menschen in diesem Land halten das ja ganz genauso und deshalb erwartet auch niemand, beispielsweise in der U-Bahn oder im Bus, von einer fremden Person einen Platz angeboten zu bekommen. Im Extremfall führt dieses gesellschaftlich allgemein akzeptierte Verhalten dann auch dazu, dass ein Verletzter hilflos auf der Straße liegenbleibt, weil alle an dieser Person vorbeilaufen.

Bin ich erst mal drin in der Bahn, muss ich bereits anfangen, darüber nachzudenken, wie ich mich an meiner Wunschstation wieder aus der proppenvollen Nahverkehrsdose herausdrängeln kann. Je nachdem, wie voll die Bahn ist, kann das Durchdrängeln zum Ausstieg schon mal deutlich länger dauern als die Fahrt zur Zielstation. Was dann wieder bedeutet, nicht nur den anstrengenden Ein- und Aussteige-Prozess zu doppeln, sondern möglicherweise auf einen noch volleren Bahnsteig und dann in eine noch stärker frequentierte Bahn zu geraten.

Aber das weiß ich ja alles, das habe ich alles schon erlebt. Also keine Panik. In der Ruhe liegt die Kraft. Ich wappne mich für die kommende Ausstiegsphase, in der wiederum spezifische Drängelmodi in Erscheinung treten. Wenn ich mich also aus der tiefgestaffelten, fischdosenartigen Situation in der rappelvollen Bahn endlich aus einem der türfernen Bereiche, in die ich unbeabsichtigt abgedriftet bin, zur noch nicht ganz geöffneten Wagentür vorgekämpft habe, sind schon die ersten Hundertschaften einsteigefreudiger Gegenpassagiere dabei, das sowieso schon komplett überfüllte Fahrzeug zu entern. Dazu kommt natürlich, dass nicht nur ich, sondern auch Hunderte von Mitpassagieren aussteigen wollen. Das führt regelmäßig zu einer Art Freistildrängeln, bei dem naturgemäß keine Regeln mehr gelten. Hier kann der interessierte Beobachter tatsächlich alle wichtigen Drängelphänomene, vom Hineindrängeln übers Durchdrängeln bis zum Vordrängeln gleichzeitig beobachten.

Wie gesagt, ich fahre wirklich gern in Peking mit der U-Bahn.

Vom Wischen, Waschen, Putzen und anderen Möglichkeiten, sich in China einzuleben

Anfangs war ich doch ziemlich beeindruckt. Gewischt und geputzt und gefegt wird in China praktisch eigentlich überall. Egal, ob auf öffentlichen Plätzen, in Hotels, Bürogebäuden oder U-Bahnstationen. Das hatte ich mir so nicht vorgestellt. Überall sehe ich emsige Männer und Frauen, die mit nassen Wischmops hantieren, die übrigens immer aussehen wie unfrisierte, schmutzige Pudel. Viele Besen sehen wegen ihrer abgefegten Borsten mehr als mitleiderregend aus. Andere Trockenwischinstrumente wirken manchmal schmuddeliger als der Fußboden, der von ihnen bearbeitet wird. Allerdings – am eindrucksvollsten zu beobachten ist die sehr gelassene, geradezu kontemplative Haltung der Chinesen beim Putzen, die weniger auf das Sportive aus ist, nicht die athletische Leistung in den Mittelpunkt stellt, geschweige denn das Resultat. Nein, hier geht es um die Tätigkeit, nein was sage ich, um das Tun an sich. Das Ergebnis der Putzerei ist meist sowieso nur auf den ersten Blick überzeugend.

Der ganze athletische Aufwand erscheint mir nach näherem Hinsehen tatsächlich nicht sonderlich ergebnisorientiert zu sein. Ganz allgemein kann man sagen, dass der Schmutz bei der chinesischen Methode nicht wirklich entfernt wird, sondern eher stetig hin- und hergeschoben und dadurch vielleicht langfristig in kleinste Partikel zerrieben wird, die man dann irgendwann naturgemäß nicht mehr sehen kann. Und in China ist das, was man nicht mehr sehen kann, auch nicht mehr da. Dieses sozusagen rein visuelle Atomisieren klappt aber natürlich nicht immer voll zufriedenstellend. Gern werden

dann die verbliebenen widerständigen Restpartikel in irgendwelche, möglichst abgelegene, Ecken geschoben, möglicherweise in der Annahme, dass sie dort keiner mehr wahrnimmt
respektive wahrnehmen muss. Im Lauf meiner Jahre in China
ist mir aufgefallen, dass in der chinesischen Gesellschaft diesem Ignoranz-Prinzip – also dem Finden verschiedenartigster
Möglichkeiten, dem Unerfreulichen versteckte Ecken zu schaffen, um es dann ignorieren zu können (und vor allem auch zu
dürfen), wohl nicht nur bei der Fußbodenreinigung ein hoher
Stellenwert zukommt.

Feucht gewischt wird der Boden in China traditionell mit
schmutzigem Wasser, dem meist keine Putzmittel zugesetzt
werden. Ich habe den Eindruck, die Verwendung von Reinigungsmitteln beim Putzprozess gilt überwiegend als Ver-
schwendung. So wird auch das Geschirr meist nur mit kaltem
Wasser gespült, möglichst in einer tagealten trüben Brühe.
Möglicherweise gibt es auch für das Abwaschwasser regio-
nale Spezialrezepte, ähnlich wie für das Ansetzen einer guten
Bowle, die ja auch erst durchziehen muss. Ich habe jedenfalls
schon von monstergrün sich kräuselndem Spülwasser bis zu
apathisch grau schwappenden Feuchtbiotopen landesweit
vieles in Küchen und Imbissbuden gesehen. Selten jedoch war
das Wasser klar. Anfangs dachte ich, nur in meiner neuen Heimatstadt Peking, die als Hauptstadt dieses riesigen Reiches
natürlich auch eine wichtige Vorbildfunktion für das ganze
Land hat, würde die Schmutzwasserversorgung derartig hervorragend funktionieren. Doch nachdem es mir trotz jahrelanger und wirklich intensiver Recherchen im ganzen Land
nicht gelungen ist, irgendwo einen Putzeimer mit sauberem
Wasser zu entdecken, bin ich inzwischen überzeugt, dass die
Schmutzwasserversorgung eines der wenigen staatlichen Ver-
teilungssysteme überhaupt ist, das vorbildlich zu funktionie-

ren scheint und das offensichtlich obendrein von hochqualifizierten Fachkräften gemanagt wird.

Das ist auch unbedingt notwendig. China ist ein Land auf dem Sprung in die Rolle der wirtschaftlichen Führungsmacht des 21. Jahrhunderts. Da sollte man auf jeden Fall wenigstens in einem Bereich der industriellen Produktion führend und innovativ sein. Außerdem: Der Bauboom in China zum Beispiel lässt jeden Tag praktisch überall im Land riesige neue Wohn- und Bürogebäude entstehen, in denen die Putzkräfte verzweifeln würden, ohne einen ausreichenden Zugriff auf Schmutzwasser, dieses Grundelixier ihrer täglichen Arbeit. Ich bin sicher, man wird inzwischen wohl tatsächlich Tag und Nacht im Einsatz sein müssen, um die immer gigantischer werdende Nachfrage nach Schmutzwasser landesweit einwandfrei zu decken. Auch die Produktion der für das ordnungsgemäße Putzen ebenso wichtigen, vorgeschmutzten Wischmops wird wohl inzwischen nicht mehr von Manufakturen erledigt, sondern muss einfach industriell organisiert sein.

Wirtschaftlich gesehen bieten sich hier auch für den privaten Investor beeindruckende Zukunftsperspektiven. Möglicherweise bereitet das chinesische Wirtschaftsministerium ja auch schon die Privatisierung und den Börsengang dieses faszinierenden Geschäftsmodells vor. Ich kann allen börseninteressierten Lesern nur empfehlen, diesen im Westen noch überwiegend unbekannten Geschäftszweig im Auge zu behalten. In diesem Zusammenhang noch ein Hinweis: In China werden meiner Beobachtung nach oft auch die Teppichböden mit schmutzigem Wasser geschrubbt, denn Staubsauger sind im Land nicht sonderlich weit verbreitet. Der Zusatz von Reinigungsmitteln ins Wischwasser übrigens auch nicht. So bleibt das zum Teppichschrubben verwendete Schmutzwasser auf jeden Fall ohne schädliche chemische Zusätze.

Doch selbst wenn in einem chinesischen Haushalt ein Staubsauger vorhanden sein sollte, wird er ja häufig gar nicht verwendet. Jedenfalls nicht zum Saugen. Schließlich reinigt Wasser doch viel besser. Der Staubsauger ist für viele Chinesen eher ein Prestigeobjekt, das man sich sozusagen gönnt und natürlich gern vorzeigt, wenn Freunde zu Besuch kommen. Dann steht die kleine Zaubermaschine diskret in der Ecke und wird von den Gästen bewundert, die begeistert sind, was für exotische, westliche Geräte ihr Gastgeber daheim hat. Da ist es natürlich sowieso besser, das Wunderteil sieht nagelneu aus.

Obwohl es mir gelungen ist, durch Beobachtung und natürlich vor allem durch persönliche Erfahrung und Interesse Einblick in einige Bereiche des chinesischen Reinigungswesens zu bekommen und selbstverständlich auch entsprechende Erkenntnisse zu gewinnen, ist mir doch noch vieles bis heute ein Geheimnis geblieben. So ist es mir noch immer nicht gelungen herauszufinden, wie es dem chinesischen Reinigungspersonal möglich ist, zum Beispiel neue Badewannen nach wenigen Tagen Einsatz so aussehen zu lassen, als seien sie Jahre nicht geputzt worden. Vielleicht liegt es an der Verwendung von ausschließlich schmutzigem und kaltem Wasser beim Putzen? Eigentlich wäre ja auch die Frage naheliegend, ob es sich bei all diesen Vorgängen überhaupt um Putzen handelt. Ich habe mich nach einigem Nachdenken entschlossen, diesen »Technical Term« weiterhin zu verwenden. Die Verwirrung beim Lesen wäre sonst womöglich einfach zu groß. Weiterhin habe ich festgestellt, dass es ganz allgemein auf dem weiten Feld des Putzens und Reinigens eine landestypische Abneigung nicht nur gegen den Einsatz von sauberem, sondern auch von warmem Wasser gibt.

Auch bei mir zu Hause verwendet xiǎo Yīng, meine āyí, fürs Putzen vorzugsweise kaltes Wasser. Immer wieder beobachte ich, wie konservativ die Chinesen sind. Die Verwendung von kaltem Putz- und Waschwasser ist da nur ein kleines Beispiel.

Waschmaschinen zum Beispiel sind inzwischen durchaus weit verbreitet. Die chinesische Hausfrau, die, wie in den meisten anderen Ländern auch, die Hausarbeit praktisch allein erledigt, scheint sich recht schnell von der Nützlichkeit einer solchen Haushaltsmaschine überzeugt zu haben. Aber klar: Die klassische chinesische Waschmaschine wäscht natürlich kalt. Warmwaschgänge gibt es nicht. Anfangs war ich überrascht und dachte, ich sei, wie bei all den anderen technischen Gerätschaften, mit denen ich nicht zurechtkomme, einfach nur zu blöd zum Bedienen des Maschinchens, das ja auch komplett chinesisch beschriftet war. Ich bat dann eine chinesische Freundin, mir doch mal zu zeigen, wo ich die Waschtemperatur einstellen könne. Das verwunderte sie sehr. Welche Waschtemperatur ich denn meine, wollte sie wissen. Sie zeigte sich dann doch sehr überrascht, dass in Deutschland Waschmaschinen im Gebrauch sind, die mit unterschiedlichen Temperaturen arbeiten.

Ob das denn auch gut für die Wäsche sei, wollte sie wissen. Möglicherweise würde die Wäsche bei zu großer Hitze verkochen? Oder bei zu geringer Hitze zu einem Bazillendorado werden (die Freundin war akademisch gebildet). Für chinesische Wäsche jedenfalls sei das alles wohl nichts Rechtes, außerdem Stromverschwendung und im Grunde nur eine Art von westlicher Dekadenz.

In China habe ich gelernt, pragmatisch zu denken und zu handeln. So gibt es Peking in der Nähe des auch touristisch bemerkenswerten Trommelturms nicht nur eine der wenigen noch verbliebenen klassischen Wohnbebauungen mit chinesischen Hofhäusern, Hutong genannt. Es gibt dort auch eine ganze Straße mit Geschäften, die Küchenutensilien verkaufen. Ich besorgte mir dort recht preiswert einen Fünf-zig-Liter-Suppentopf, ein ziemliches Monstrum, und machte darin auf dem Herd Wasser heiß. Das dampfende Nass kippte ich dann zur tiefen Verwunderung meiner āyí in die Wasch-maschine und hatte so meinen Warmwaschgang.

Aber ich gebe natürlich auch sonst nicht auf. Manchmal stelle ich meiner āyí freundlich lächelnd einen Eimer warmes Wasser hin, möglichst noch mit einem Bodenpflegemittel ver-feinert. Durch lange Erfahrung gereift, weiß ich natürlich, was passieren wird. Ebenso freundlich lächelnd wartet sie einfach, bis das Putzwasser wieder kalt geworden ist. Inzwischen arbeitet sie natürlich etwas anderes. Zum Beispiel Geschirr abwaschen. Natürlich mit kaltem Wasser. Und ohne die Ma-schine in Betrieb zu nehmen. Immerhin hat sie inzwischen das Bodenpflegemittel akzeptiert.

Ich arbeite also weiter optimistisch daran, ihr auch die Idee, beim Putzen warmes Wasser zu verwenden, näher zu bringen.

Wie es ist, mit Chinesen zu reisen, was man als ausländischer Kollege dabei so lernen kann und was man vielleicht besser auch bald wieder vergessen sollte

Beim ersten Mal war ich noch verwundert. Beispielsweise wie sich meine Zeit- und Raumbegriffe doch von den chinesischen unterscheiden.

Mit einigen meiner chinesischen Kollegen musste ich zu einer Tagung von Dokumentarfilmern aller möglicher Fernsehanstalten aus dem ganzen Land in den Süden Chinas fliegen. Es war meine erste Reise als Mitglied des neuen Teams, in dem ich der einzige Ausländer war. Eine Woche sollte diese Konferenz in Kunming, der Hauptstadt der Provinz Yunnan, dauern. Anschließend drei Tage Touristenprogramm in den Bergen dieser landschaftlich sehr abwechslungsreichen Region. Dazu gehörte auch der Besuch von diversen Minderheitendörfern.

Ethnische Minderheiten gibt es in Yunnan reichlich. Mindestens sechsunddreißig verschiedene Volksstämme wie die Bai, die Achang und die Dai leben dort. Ihre Dörfer sind vor allem für die ethnische Mehrheit, also die Han-Chinesen, ein beliebtes Ausflugsziel. Für mich haben die meisten dieser Dörfer eher etwas von einem Zoo. Die Bewohner kleiden sich folkloristisch in alte Trachten und Kostüme. Das ist recht farbenfroh und ganz nett anzusehen. Morgens verteilen sie sich dekorativ im Museumsdorf und warten auf die Touristen, die dann pausenlos alles fotografieren, was ihnen vor die Linse kommt. Vor allem kleine und kleinste Minoritätenkinder sind als Motive sehr beliebt und das Gedränge und Geknipse um sie herum erscheint mir immer fast lebensbedrohlich und erinnert mich an die Filmfestspiele in Cannes. Ich glaube übrigens nicht, dass in diesen Dörfern tatsächlich noch jemand wohnt.

Im Verlauf dieser Dienstreise besuchten wir auch einen Park, in dem die weltweit beliebten Pandas zu sehen waren. Ich muss sagen: Selten war ich so enttäuscht von einer Tiergattung wie dieses Mal im Pandapark. Zugegeben, mein Lieblingstier ist nicht der Panda, sondern die Seezunge. Gegrillt mag ich sie am liebsten. Genau genommen breche ich beim Anblick von Tieren auch nicht unbedingt in Begeisterung aus. Generell bin ich übrigens der Meinung, domestizierte Tiere sollten artgerecht gehalten werden und freilebende sollten möglichst und weitgehend in Ruhe gelassen werden. Das trifft in diesem Zusammenhang auch auf Voyeurismen wie das sogenannte »Whalewatching« oder die Beobachtung von Elefanten und anderer optisch attraktiver Tierarten zu.

In China hat man da im Allgemeinen ja eine ganz andere Haltung, was Tiere angeht; die geht eher so in die Richtung: Essen oder Entertainment. Pandas fallen aus diesem Raster allerdings heraus. Sie sind ja inzwischen so eine Art chinesisches Nationaltier.

Der Besuch im Pandapark bestätigte, was ich bereits befürchtet hatte: Der Panda ist ein stinklangweiliges und auch übellauniges Tier, das den Betrachter durch possierliches Aussehen geschickt täuscht.

Tatsächlich liegt dieser dumme Bär den ganzen Tag nur in seinem Gehege herum, schläft und frisst. Wenn ich es mir recht überlege, ist das eigentlich ja auch eine klassisch chinesische Beschäftigung. Vielleicht ist der Panda doch Ausdruck des chinesischen Nationalcharakters? Allerdings bevorzugt er eine ganz bestimmte Bambusart. Etwas anderes will er nicht fressen. Kann er die nicht kriegen, verhungert er lieber. Das ist meiner

Beobachtung nach bei den Einwohnern Chinas eindeutig nicht so. Sie essen nämlich praktisch alles. Außer rohem Schinken und Käse. Diese vermaledeiten Bambusbären haben es allerdings geschafft, marketingtechnisch gesprochen, aus ihrer doch eher überflüssigen Spezies eine Dachmarke zu machen, unter der man so ziemlich jeden Blödsinn verkaufen kann.

Erheiternd, aber auch ein wenig peinlich fand ich das aufgeregte Benehmen der scharenweise und blindlings, ja geradezu manisch drauflosfotografierenden Touristen, im Sprachcheck meist wohl aus den USA oder Deutschland kommend. Oft konnten sie vor Begeisterung über diese apathisch vor sich hin dösenden Raubtierchen, für deren völlig unnötige Erhaltung sich die ganze Welt engagiert, kaum an sich halten und versuchten, voll verblödetem Entzücken über die Barrieren zu klettern, um ihren tierischen Idolen so nahe wie möglich zu sein. Ich wartete dann noch eine ganze Weile, ob einer aus der Touristenschar vielleicht in das Gehege fiele, aber niemand tat mir den Gefallen. Als Fazit aus dieser völlig ereignisfreien Stippvisite kann ich nur jedem Chinabesucher raten, Pandagehege großräumig zu meiden und lieber in Peking U-Bahn zu fahren. Das ist deutlich spannender.

Nicht nur dieses einschneidende Reiseerlebnis lag noch vor mir, als ich am verabredeten Treffpunkt im Flughafen auf dem mit meiner Zehn-Tage-Ration Hemden, Sakkos und Socken vollgepackten Koffer saß und auf meine Kollegen wartete. Ich war guter Dinge und ich war zu allem bereit. Mir konnte nichts passieren. Der Koffer enthielt alles, was ich auf einer Reise so brauche oder oft auch nur zu brauchen glaube.

Bei Flugreisen bin ich sehr gern sehr rechtzeitig am Flughafen. Mitreisende Freunde empfahlen mir einmal, am besten schon am Tag zuvor im Flughafenhotel einzuchecken, damit ich auf jeden Fall rechtzeitig zur Stelle sei. Das hätte überdies den Vorteil, dass ich niemand mehr mit meiner Panik, möglicherweise den Flug zu verpassen, molestieren müsse.

Auch diesmal war ich natürlich als Erster am Flughafen. Saß am verabredeten Treffpunkt auf meinem großen Koffer und wartete. Freundlich formuliert, könnte ich im Nachhinein wohl gerade noch sagen: Zu früh waren sie auf jeden Fall nicht da. Mehr als über ihr spätes Herantröpfeln wunderte ich mich jedoch über das Gepäck meiner chinesischen Kollegen. Die Männer hatten nur ihre Aktentaschen dabei, die Damen immerhin noch ihren Schminkkoffer. Noch viel erstaunter als ich über sie, waren die Kollegen über mich. Neugierig wurde ich gefragt, ob ich denn nach unserer Konferenz möglicherweise noch eine längere Reise antreten wolle? Vielleicht nach Deutschland? Mit dem riesigen Koffer würde ich doch bestimmt nicht gleich wieder nach Peking zurückfliegen?

Meine Erklärungsversuche gingen sämtlich ins Leere. Niemand wollte wissen, warum ich den Koffer voller Hemden und Socken gepackt hatte. Sie wollten sich ja eigentlich nur über ihren Ausländer wundern.

Auch im Lauf der langjährigen Zusammenarbeit ist mir immer mal wieder aufgefallen, dass mich meine chinesischen Kollegen mit einer Art amüsiertem Stolz betrachten. Ich verhalte mich aus ihrer Sicht, trotz aller Anpassungsbemühungen, doch häufig sehr seltsam. Egal ob ich nun einen so großen Koffer für eine so kurze Reise vollpacke oder möglichst nur kaltes Bier trinke, wo doch nun wirklich jedem bekannt ist, wie ungesund kalte Getränke sind, einer Frau in den Mantel helfe oder auch nur höflicherweise jemandem die Tür aufhalte, statt sie kurz vor seiner Nase noch zufallen zu lassen, wie das sonst ja jeder macht: Ich spüre dann immer ihre wohlmeinende Verwunderung.

Zum Ausgleich durfte ich mich dann später auch ein wenig über die Chinesen wundern, als ich bei einem Besuch im Hotelzimmer eines Kollegen bemerkte, dass Chinesen nach dem Dualprinzip reisen. Gelernt habe ich bei dem folgenden kleinen Privatvortrag, dass es auf jeden Fall ausreicht, jeweils zwei Ausführungen von jedem Kleidungsstück dabeizuhaben, also zwei Hemden, zwei T-Shirts usw. Bei Socken gilt natürlich zusätzlich das Paarprinzip. Eines trägt man, das andere wird im Badezimmer gewaschen beziehungsweise getrocknet. So kann man entspannt durch das ganze Land reisen und muss sich nicht mit dicken Koffern abschleppen, stundenlang an der Gepäckausgabe warten und kann beim Gedränge um das nächste freie Taxi ganz unbeschwert vorne mitspielen.

Naturgemäß war ich dann auch der Einzige, der einen Koffer aufgeben musste. Die Kollegen warteten wirklich sehr geduldig und dann stürzten wir uns ins Gewühl vor der Passagierkontrolle. Wieder einmal konnte ich bewundern, wie einige der Wartenden sich allein durch geschicktes Einreihen bereits eine bessere Warteposition sicherten, weit vor anderen, die schon viel länger anstanden. Interessant war auch, wie gelassen und geradezu professionell sie die anbrandenden Beschwerderufe von sich abperlen ließen.

Im Warteraum nutzten die meisten Kollegen die Gelegenheit für ein Schläfchen. Für Einkäufe war ihnen der Pekinger Flughafen zu Recht viel zu teuer. Ich habe nach inzwischen langjähriger Erfahrung im innerchinesischen Flugverkehr den Eindruck, dass erfahrene chinesische Reisende so eine Art Instinkt oder Witterung dafür entwickelt haben, wann der erste Aufruf zum Einsteigen kommt. Blitzartig laufen alle wartenden Passagiere zum Gate und versuchen sich in die maximal beste Position in der Warteschlange einzureihen. Ganz vorn in der Reihe stehen die Passagiere, die sich praktisch sofort angestellt haben, oft eine Stunde vor dem ersten Aufruf des Fluges oder noch früher. Aber selbst hier, an der Spitze der Schlange, kommt es oft zu wilden Rangeleien, weil sich in letzter Sekunde noch ein Spätkommender einfach davorstellt und sozusagen Platz eins eigenmächtig zu Platz zwei macht.

Im Laufschritt geht es dann ins Flugzeug. Da Chinesen ja meist nur mit Handgepäck reisen, ist es jetzt ganz wichtig, sofort die Ablage über dem Sitz mit seinem eigenen umfangreichen Handgepäck so optimal wie möglich zu blockieren, damit niemand anderer mehr Platz für seine Tasche findet. Der Sitznachbar hat praktisch umgehend das Nachsehen, muss sich dann durch die Einsteigenden drängeln und die Sachen irgendwo hineinquetschen, wo noch Platz ist. Meist ist das dann möglichst weit weg vom eigenen Sitzplatz.

Kurz vor der Landung fängt das Spiel dann von Neuem an. Nervosität macht sich unter den Passagieren breit. Möglichst schon beim Landeanflug möchte man sich sein oft weit entfernt lagerndes Gepäck holen und sich dann sofort den optimalen Startplatz für das Gedränge beim Ausstieg sichern.

Die Kabinencrew bemüht sich redlich, die Passagiere daran zu erinnern, dass man jetzt auf keinen Fall schon aufstehen dürfe. Anfangs sind die Durchsagen meist noch recht freundlich. Deshalb kümmert sich außer einigen unerfahrenen Erstreisenden und kleinen Kindern auch niemand um das Gesäusel aus den Bordlautsprechern. Sind dann durch massive Befehle und lautstarke Drohungen die widerständigen Passagiere auf ihre Sitze zurückgezwungen, wollen sie doch wenigstens ihren Lieben daheim oder wem auch immer mitteilen, dass sie gleich landen werden. Einer nach dem anderen schaltet also das Handy an. Wieder muss das Kabinenpersonal mit massiven Drohungen eingreifen, bis der letzte Widerstand schließlich gebrochen ist und auch der tapferste Telefonierer murrend sein Zaubergerät wieder ausgestellt hat.

Während des Fluges langweilen sich die meisten Passagiere, vor allem weil ja Telefonieren und SMS senden dummerweise verboten ist. Die einzige nette Abwechslung ist dann irgendwann mal das Essen, das von mit neckischen Schürzchen bekleideten Stewardessen serviert wird. Dazu gibt es warme Getränke wie Kaffee, Tee oder Bier. Das aufgewärmte Essen erinnert mich bei Geruch und Geschmack an möglicherweise bereits verdorbenes Hundefutter. Ich lasse es also weg. Lieber beobachte ich meine Mitreisenden beim Verspeisen dieser fragwürdigen Mahlzeit. Hier ist Eile geboten, denn es ist kaum zu glauben, mit welch atemberaubender Geschwindigkeit sich chinesische Flugreisende ihr Essen hineinschaufeln können.

Danach schließen die allermeisten Passagiere sofort erschöpft die Augen und schlafen erst mal weg, um möglichst optimal erholt für die anstrengenden Auseinandersetzungen mit dem Bordpersonal wegen zu frühzeitigem Aufstehen und Telefonierens beim Anflug zu sein, und natürlich vor allem für die kräftezehrenden Kämpfe mit den anderen Passagieren um den schnellsten und rücksichtslosesten Zugriff auf das Handgepäck und anschließend um den allerschnellsten Ausstieg aus der Maschine.

Ich weiß wirklich nicht, wie ich die ersten innerchinesischen Flugreisen ohne die tätige Mithilfe meiner chinesischen Kollegen überstanden hätte. Mein Lernprozess auf diesem weiten Feld des Reisens und Fliegens verlief nicht unbedingt auf der verbal-kommunikativen Ebene. Es war ein eher intuitives, ja natürliches Lernen in spielerischer Nachahmung, ähnlich wie beispielsweise ein Tigerbaby durch Beobachten und Nachahmen der Tigermutter und natürlich durch das Spiel mit den anderen Tigerbabys lernt.

Dank dieses wundervollen Trainings und der freundschaftlichen und kompetenten reisepädagogischen Begleitung auf vielen Flügen quer durch diese faszinierende Land bin ich heute – jedenfalls für einen Ausländer – ein gestählter Flugreisender, den kaum noch etwas ernsthaft erschüttern kann.

Ein Problem habe ich allerdings. Es fällt mir inzwischen wirklich sehr schwer, mich auf innereuropäischen Flügen beim Einchecken hinten anzustellen, auf das Verschicken von SMS während des Fluges von München nach Madrid zu verzichten und nicht beim Ausfahren der Landeklappen bereits ungeduldig am Ausstieg darauf zu warten, dass die Tür endlich aufgemacht wird.

Zum Glück bin ich wenigstens Nichtraucher und kann deshalb immerhin auf die heimliche Zigarette in der Flugzeugtoilette verzichten.

Warum ich in China nicht so gern Busreisen unternehme und weshalb ich eigentlich auch sowieso lieber zu Hause bleibe

Ich schätze Abenteuerreisen im Grunde genommen nicht. Mich erfreuen schon immer die eher kontemplativen Seiten, die mir ein Urlaub vor allem bieten sollte. Ruhe, Entspannung, gutes Essen, ein wenig Lektüre, ein paar Wanderungen. Eine Urlaubsreise in Chinas Provinzen ist nun definitiv nicht kontemplativ. Ich kann so einen original chinesischen Urlaub deshalb uneingeschränkt allen empfehlen, die zurzeit noch glauben, dass man für eine Abenteuerreise mindestens an einer Klettertour in den Kordilleren, einem Wandertreck durch ein beliebiges Hochgebirge oder gern auch an einem Reiterurlaub am Rio de la Plata teilnehmen sollte. Das ist alles gar nicht nötig. Wirklich nicht. Es reicht, sich irgendwo in China eine Busfahrkarte zu kaufen.

Beispielsweise in Chengdu, der Hauptstadt der Provinz Sichuan, im Westen jenes riesigen Abenteuerspielplatzes gelegen, den man oft auch China nennt. Das Abenteuer kommt dann ganz wie von selbst. Ich war dort einmal mit meiner damaligen Gattin und einer Gruppe von Freunden unterwegs, die unser touristisches Überlebenstraining hartnäckig und beschönigend als Aktiv-Urlaub bezeichneten.

Schon der Busbahnhof in Chengdu, wo ich mit meinem chinesischen Freund Liang die Tickets für den regulären Reisebus nach Song Pan, einem populären Erholungsort in den Vorgebirgen des Himalaya kaufte, hätte mir eine Warnung sein sollen. Der riesige Omnibusbahnhof sah aus wie ein nach China gebeamtes Relikt aus seligen DDR-Zeiten, kurz vor der Wiedervereinigung. Die Busse hatten ihre beste Zeit auch schon hinter sich – falls sie überhaupt jemals so etwas gehabt hatten. In China sind übrigens sehr viele, auch größere Orte meist nur mit Bussen zu erreichen, weil Bahn und Flugzeug in der Regel nur die Metropolen und wichtigen Industriestandorte miteinander verbinden.

Am nächsten Morgen ging es dann los und es hieß, um fünf Uhr aufstehen, denn auf sieben Uhr war die Abfahrt am Busbahnhof angesetzt. Unser Bus wartete schon, zwischen Dutzenden anderer, genauso fragwürdiger Gefährte. Das Abenteuer hatte begonnen. Der schmale Gang war überladen mit ausreichend Stahlträgern für den Bau eines mittleren Hochhauses und natürlich Kisten, Koffern, Kartons, Computermonitoren sowie Mikrowellenherden. Natürlich wurde vorgedrängelt, nachgedrängelt, weggedrängelt, getreten und geschoben. Spätestens hier hätte ich gemerkt, dass die Chinesen keine höflichen und rücksichtsvollen Menschen sind. Aber ich wusste ja bereits vorher, dass in China jeder sich selbst der Nächste ist und bleibt.

Kaum hatten wir uns bereits ziemlich erschöpft hinten im Bus in *unsere* Sitze gekuschelt, tauchte so eine Art Platzanweiserin auf, die uns ziemlich rigide erläuterte, unsere Sitzplätze seien aber nun mal ganz vorn im Bus. Also wieder zurückgedrängelt. Inzwischen hatten es sich natürlich chinesische Mitreisende auf unseren Plätzen gemütlich gemacht und mussten von dort mit viel Geschrei vertrieben werden.

Auf einer langen Busreise in China – die unsere dauerte um die neun Stunden – gibt es offensichtlich nichts Schöneres für den Passagier, als sich ununterbrochen auf einem Bildschirm von Schlagervideos oder Kung-Fu-Filmen unterhalten zu lassen. Natürlich in brüllender Lautstärke. Zuständig für das Unterhaltungsprogramm ist eine Art Entertainmentmanager, der die Filme auswählt und einlegt. Unser Manager stand auf Hard Rock und Actionfilme, in denen pausenlos irgendjemand zersägt, zerhackt oder wenigstens auf eine ähnlich unerfreuliche Art gefoltert wurde. Der Bus rauschte derweil auf den engen Bergstraßen des Himalyavorgebirges immer wieder knapp am Abgrund vorbei. Davon gibt es in dieser Region übrigens eine ganze Menge. Das waren schon Tiefen von tausend Metern und mehr, schätze ich. Bei Gegenverkehr fuhr der Busfahrer natürlich nicht langsamer, sondern der Fahrer drückte auf die Hupe.

Seltsamerweise schien meine Reisegefährten das nicht weiter zu stören. Offensichtlich fanden sie sogar Spaß an dieser lebensgefährlichen Gurkerei. Ständig wurde ich provoziert von frivolen Begeisterungsrufen wie: »Schau doch mal, was für eine tolle Landschaft!« oder »Ist das nicht supertoll hier? Und diese wunderbaren schneebedeckten Gipfel, ist das nicht faszinierend?«

Irgendwann zog es ganz fürchterlich hinter meinem Rücken. Die beiden rückwärtigen Sitznachbarinnen hatten das Fenster ganz weit aufgemacht. In den Bergen ist es um diese Zeit noch ziemlich kalt. Ich drehte mich um und schob das Fenster wieder zu. Minuten später war es wieder offen. Mir fiel auf, dass die beiden jungen Damen doch recht blass aussahen. Eine diskrete visuelle Recherche ergab, dass sich die beiden abwechselnd aus dem Fenster beugten, um sich zu übergeben. Also zog ich mir die Kapuze meiner Windjacke über den Kopf und kümmerte mich nicht weiter um die Angelegenheit. Aber ich fand es im Nachhinein dann doch beeindruckend, wie viel so zart aussehende Persönchen innerhalb einer neunstündigen Busfahrt aus sich herauswürgen können.

Die anderen Passagiere interessierte das alles sowieso nicht. Sie verfolgten interessiert, wie chinesische Kung-Fu-Kämpfer sich gerade mit Gebrüll dranmachten, ihr Vaterland von einigen unerfreulich aussehenden japanischen Invasoren zu befreien. Tatsächlich sind auch heute noch die Japaner die Lieblingsbösewichte in chinesischen Filmen und Büchern. Die fiktiven japanischen Schurken sind eigentlich immer ziemlich brutal und ebenso dumm. So werden sie von den grundsympathischen und smarten chinesischen Patrioten denn auch regelmäßig besiegt.

Die Landschaft ist übrigens wirklich sehr beeindruckend. Schneebedeckte Gipfel, kleine Dörfer mit Holzhäusern. Tibeter und Uiguren reiten in traditioneller Kleidung auf ihren Pferden. Nur die Müllhalden in Dorfnähe, wohin man alles entsorgt, auch mengenweise tote Hunde und Katzen, die dort in allen Stadien der Verwesung herumliegen, stören die Idyllen dann doch ein bisschen.

Die Rückfahrt nach Chengdu konnte die Hinfahrt in gewisser Weise sogar noch toppen: Wir hatten uns die Fahrkarten vom Hotel besorgen lassen. Das stellte sich später irgendwie als Fehler heraus. Es wurden vorgebuchte Plätze angeboten und der gebuchte Sitz war für meine damals noch mitreisende Gattin völlig ungeeignet. Ein kleinwüchsiger Gnom hätte sich vielleicht unter Protest hineinquetschen können. Voll integriert dem chinesischen Vorbild nacheifernd, setzte sich die energische Ehefrau einfach auf einen ihr angenehmen Platz hinter dem Fahrer. Es stellte sich allerdings heraus, dass dieser sozusagen dienstgradmäßig der jetzt weiblichen Entertainmentmanagerin gehörte. Die klare Weigerung, den eroberten Platz zu deren Gunsten zu räumen, führte zu einem erstklassigen hysterischen Anfall der jungen, aber offensichtlich nicht besonders nervenstarken Dame. Das ließ auf eine interessante Fahrt hoffen. Nervös hyperventilierend versuchte die aufgeregte Entertainmentkraft, die Fassung zu bewahren.

Tatsächlich ist es in China manchmal durchaus von Vorteil, ausländisch auszusehen. Mit einem einfachen »tīng bù dǒng« – was übersetzt heißt: »Ich höre dich, verstehe dich aber glücklicherweise nicht«, kann man sich erfolgreich auf den wunderbaren Status des Ignoranten zurückziehen. Mit einem Maximum an Gelassenheit empfahl die damalige Gattin dann der kleinen Bushysterikerin, sich doch erst mal abzuregen.

Natürlich in Englisch.

Das verstand die Unterhaltungsassistentin zwar nicht, aber ich konnte klar erkennen, dass ihr der provokante Sinn dieser Äußerung durchaus nicht entgangen war. Zielgenau platzierte die Gattin ihre Bemerkung noch dazu auf dem Höhepunkt der feindlichen Nervenkrise. Es folgte wohl noch ein zweiter Anfall. Doch kurz danach bekamen wir zwei Plätze nebeneinander. Der Gnomenplatz wurde einem noch jungen und wenig widerstandsfähigen chinesischen Fahrgast zugewiesen, der keinerlei Widerspruch wagte. Er versuchte dann während der ganzen Fahrt immer, seine Beine in den vielleicht zehn Zentimeter breiten Zwischenraum zum Vordersitz zu zwängen. Doch ich hatte kein Mitleid.

Der Bus startete und damit begann auch die permanente Werbesendung über das Busmikrofon. Deshalb nämlich waren die Buskarten so einmalig billig gewesen. Wir wurden nicht nur mit ständigen Werbedurchsagen für die unterschiedlichsten Produkte unterhalten. Nach dreißig Minuten Fahrt stoppte der Bus sogar, um uns aussteigen zu lassen, damit wir eine ebenso umfangreiche wie uninteressante Verkaufsausstellung für Schmuck- und Ziersteine besuchen konnten. Widerstand war da freilich zwecklos.

Während der Rückfahrt wurden wir dann auch noch bei verschiedenen weiteren Stopps durch diverse Verkaufsräume für allerlei Unsinn und rurale Produkte wie Yak-

Schinken, Kämme und Honig geschleust. Das Mittagessen wurde in einem offensichtlich provisionstechnisch eng mit dem Busteam verbandelten Restaurant eingenommen. Das abscheulich stinkende Klo dieser Lokalität gehörte übrigens zu den unerfreulichsten Toilettenanlagen der gesamten Reise. Auf das dort angebotene Essen verzichtete ich lieber gleich ganz.

Wie schon auf der Hinfahrt, so rauschte auch auf der Rückfahrt unser Busfahrer wie geradezu besessen die Berge hinauf und hinunter. Und auch er hupte lieber als zu bremsen. Wir kamen durch ziemlich deprimierende und sehr heruntergekommene Orte, gegen die Bitterfeld kurz nach der Wende ausgesehen hätte wie ein Luftkurort. Nebenbei bemerkt: Ich war tatsächlich kurz nach Wende in Bitterfeld, was sich mir unauslöschlich eingeprägt hat.

Die Ortschaften am chinesischen Wegesrand bestanden meist nur aus einer großen, vollkommen dysfunktional und giftig aussehenden Fabrik, wohl meist für Baumaterialien wie Beton oder Teer. Daneben ragten graue, völlig vergammelte Plattenbauten für die Arbeiter aus dem staubigen Boden. Doch auch hier gab es Gärten und im Hintergrund blitzte ein grüner Streifen durch die dicke, graue Luft.

Unsere Entertainmentmanagerin erfreute uns derweil mit einem chinesischen Pendant des »Musikantenstadl«. Folkloristisch aufgebrezelte Damen und Herren, sehr oft auch in Gala-Uniformen diverser Waffengattungen der chinesischen Armee, leider allzu oft auch noch im Duett, sangen zum Herzerweichen über die Schönheit der chinesischen Heimat und die Größe und Güte der Partei. Die Volksbefreiungsarmee hat tatsächlich ein eigenes Armeekorps für Unterhaltung, Gesang und Musik und im Staatsfernsehen einen eigenen Kanal. Auch ein große Filmstudio nennt sie ihr Eigen.

Irgendwann hatte der Bus dann endlich Chengdu erreicht. Nach einigen kurzen Stopps im Weichbild der Stadt, um schon mal ein paar chinesische Fahrgäste herauszulassen, landeten wir, etwas schwachgesessen, tatsächlich am Busbahnhof.

Spätestens jetzt hätte ich Urlaub und Erholung brauchen können. Aber nicht in China. Vorzugsweise und sehr viel lieber im Schwarzwald.

Was Deutsche in Peking so treiben, wenn sie nicht gerade chinesisch essen gehen

Ich lebe und arbeite nun schon einige Zeit in Peking. Es gefällt mir hier. Ich fühle mich wohl. Die Möglichkeiten meiner Integration in die chinesische Gesellschaft allerdings sind naturgemäß beschränkt. Das liegt natürlich vor allem an den komplett unterschiedlichen kulturellen Hintergründen. Aber natürlich auch am Aussehen. Das Aussehen sollte bei Integrationsfragen nicht unterschätzt werden. In China zum Beispiel sehen die Einwohner ja üblicherweise chinesisch aus. Ich dagegen nicht. Natürlich, es gibt auch Uiguren, Mongolen und viele andere Minderheiten, die auch Bürger Chinas sind. Westlich aussehende Minderheiten gibt es in China jedoch nicht. Außer natürlich, man nimmt die in China lebenden Ausländer als Minderheit wahr. Als temporäre Minderheit sozusagen.

Als Angehöriger einer nicht nur kulturell sondern auch optisch jederzeit erkennbaren Minderheit fällt man natürlich immer und überall auf. Gerade am Anfang meines neuen Lebens in China war das für mich doch ziemlich gewöhnungsbedürftig. Natürlich nicht nur für mich. Das geht den meisten anderen Ausländern genauso, wenn sie nicht gerade aus Japan oder Korea kommen. Da fällt es den Chinesen manchmal doch schwer, optisch einen Unterschied zu sich zu erkennen. Kulturell bestehen auch da ziemlich große Unterschiede.

In Peking wohnen relativ viele westliche Ausländer, was dazu führt, dass die Attraktionen, die ich in meinem chinesischen Umfeld hervorrufe, nicht mehr allzu groß sind. Wenn ich irgendwo zum Essen gehe oder einkaufe, kümmert sich kaum jemand um mich Ausländer. Da muss ich mir schon ziemliche Mühe geben, wenn ich wenigstens in Teilbereichen noch Aufmerksamkeit auf mich ziehen möchte. Am besten kann ich auch die abgebrühtesten Pekinger noch begeistern, wenn ich in eine, sozusagen traditionelle, chinesische Toilette gehe. Das sind solche, auf die man sich hinhockt und in denen es möglichst auch keine Trennwände gibt. Da konnte ich schon einige geradezu eruptive Verblüffungen hervorrufen, wenn ich mich einfach hinhockte und loslegte. Aufregung macht sich meistens schon breit, wenn ich das »Klo-Lokal« nur betrete. Mit weiteren Einzelheiten möchte ich in diesem Fall lieber sparsam sein. Ich kann aber sagen, dass die Aufregung proportional zu meiner Verweildauer wächst. Ich hörte schon meine neben mir hockenden Nachbarn aufgeregt ins Handy schreien, man solle unbedingt sofort hier ins lokale Klo kommen. Da hocke ein Ausländer und sei gerade beim lāshǐ (in diesem Fall erspare ich Ihnen auch die deutsche Übersetzung. Sie können das Wörtchen natürlich gern gebührenfrei beim kommenden Chinabesuch nutzen). Dieses Beispiel mag verdeutlichen, dass der Integration von westlichen Ausländern in China selbst in den Basisbereichen der Anpassung kaum überwindbare Hürden im Wege stehen.

In solchen und ähnlichen Situationen durchzuckt mich so manches Mal ein gewisses Mitgefühl mit sogenannten Promis, die ja kaum noch in der Lage sind, irgendwas zu tun, ohne dass sich Aufregung und Attraktion um sie herum verbreiten. Die Menschen strömen herbei, nur um diesen Prominenten dabei zu beobachten, wie er oder sie so Simples tut, wie einen Kaffee zu trinken oder in der Nase zu bohren.

Wenn sich der in Peking domizilierende Ausländer, auch lǎowài genannt, ab und zu gern unter seinesgleichen mischen möchte, um dann nicht weiter aufzufallen, ist das also ganz nachvollziehbar. Endlich einmal wieder in Ruhe ganz alltäglichen Verrichtungen nachgehen zu können, ohne von Dutzenden neugieriger Chinesen dabei beobachtet zu werden, ist Sehnsuchtsziel manches lǎowài. Auch ich mache das immer mal wieder und ziehe mich zurück in die Reservate der Pekinger Ausländer.

Die finden sich natürlich überwiegend in Kneipen und Restaurants, in denen beispielsweise die Bestellung von kaltem Bier oder ein Toilettenbesuch weiter keine Aufregungen verursachen.

Das älteste deutsche Lokal in Peking trägt passenderweise den Namen »Schillers«. Am Rande der »San Li Tun«-Kneipengegend gelegen und nicht weit von der Deutschen Botschaft entfernt, hocken hier praktisch jeden Abend die alteingesessenen Peking-Deutschen. Ich habe das Gefühl, manche sitzen hier weißbiertrinkend nicht nur schon zwanzig Jahre oder länger, sondern werden inzwischen nach Lokalschluss sorgfältig in die Kühlung gestellt, damit sie bis zum nächsten Abend frisch bleiben. Rouladen, Kasseler mit Sauerkraut und Bratwürste mit Kartoffelsalat sind hier Standardnahrung. Und natürlich Bier in jeder gewünschten Menge. Gern hängen die Peking-Deutschen dabei ihren nostalgischen Gedanken nach.

Im Schillers habe ich erfahren, wie es früher mal hier war, als man deutsches Bier und Bratwürste noch mit der Diplomatenpost einschmuggeln musste. Ich gehe ab und zu mit meinen chinesischen Freunden hierher. Die betrachten das wohl eher als eine Art Kabarett oder Comedy Show mit verrückten Ausländern und sind immer wieder fasziniert davon, welche Riesenportionen an Essen und Bier die Deutschen so verdrücken können, ohne zu platzen.

Wenn ich allerdings in Peking einmal einen wirklich exotischen Restaurantbesuch machen möchte, dann gehe ich in den »Landgraf«. Das ist Pekings einziges Kölschlokal. Möglicherweise ist es das einzige Kölschlokal in ganz China. Ich muss den Wirt gelegentlich danach fragen. Gezapft wird Reissdorf Kölsch – direkt vom Fass. Bitburger Bier gibt es dort auch. Dazu deftige deutsche Küche mit Gerichten wie zum Beispiel Schwelmer Sack. Lange Zeit habe ich mich nicht getraut, ein Gericht zu bestellen, das einen derartig brutalen Namen trägt. Es stellte sich dann schließlich als eine echte Kalorienbombe, aber sonst als recht harmlos heraus – ein mit Käse und Speck gefülltes Schweineschnitzel. Ich erkläre meinen chinesischen Freunden meistens die Speisekarte und jedes Mal lese ich es in ihren Augen – diese tiefe Verwunderung darüber, welche Nahrungsmittel die Deutschen so bevorzugen.

Natürlich tragen die Bedienungen im kölschen Landgraf alle ein Dirndl – denn Dirndl ist Deutschland. Jedenfalls in China. Für Chinesen ist Deutschland lediglich ein Synonym für Bayern. Oder umgekehrt. Auf jeden Fall ist es der bayerischen Tourismuswerbung geschickt gelungen, der chinesischen Bevölkerung einzureden, dass Deutschland überwiegend aus Bayern besteht unter Zurücklassung einiger marginaler Restposten wie Berlin, Hamburg und dem Kölner Dom.

Der »Landgraf« liegt tief im Süden Pekings und hat tatsächlich inzwischen mehr chinesische als deutsche Gäste. Wenn meine Freunde und ich dann abends ins Lokal kommen, um unseren kleinen Stammtisch abzuhalten, ist es oft schon ziemlich voll. Unser Erscheinen wird von den chinesischen Gästen als folkloristische Zusatzattraktion sorgfältig registriert und als Beweis für die Authentizität des Lokals gewertet. Genauso wie ich es in Deutschland erlebt habe, wenn chinesische oder spanische Gäste beim »Chinesen« oder beim »Spanier« auftauchen und wir deutschen Gäste uns dann zutuschelten, das müsse ja hier ziemlich authentisch sein, schließlich kämen die Originaleinwohner auch hierher.

Zu Karneval aber ist alles noch einmal ganz anders. Da fliegen die heimwehkranken Kölner aus ganz China herbei. Fasteloovend, außerhalb des Rheinlands auch Weiberfastnacht genannt, und Rosenmontag sind dank dem »Landgraf« inzwischen auch in China Höhepunkte rheinisch-deutscher Lustbarkeiten, über die im Fernsehen berichtet wird und von denen man sich überall im Reich der Mitte inzwischen sagenhafte Dinge berichtet. Tatsächlich wird im »Landgraf« unter der Schirmherrschaft der Frau des deutschen Botschafters auch die einzige chinesische Karnevalsprinzessin gewählt. Die glückliche Gewinnerin darf dann in Köln beim Rosenmontagszug mitfahren.

Ansonsten treffen sich hier vor allem Chinesen, die es zu was gebracht haben. Auch der Polizeichef von Peking, ab und zu der Bürgermeister, Filmschauspieler und andere Promis trinken hier ihr Kölsch. Und sie trinken viel. Sehr beliebt ist die Bierbestellung im Meter. Das sind zehn Gläser, die auf einem länglichen Spezialtablett auf den Tisch gestellt werden. Dann trinkt man das Bier langsam hintereinander weg. Natürlich ist das letzte dann schon sehr schön warm und schal.

Und wenn ich mal Hunger auf Thüringer Rotwurst, Schinken, Koteletts und andere deutsche Exotika habe, in Peking gibt es auch das zu kaufen. Produzent dieser Seltsamkeiten ist der deutsche Metzger. Hier kaufen praktisch alle Deutschen ein. Ich habe mich irgendwann mal gewundert, warum Chinesen so begeistert von dem Laden sind. Natürlich ist es vor allem die Exotik der Wurstwaren, die fasziniert. Ich stelle mir den Schaueffekt der Auslagen so ähnlich vor wie für einen deutschen Touristen auf einem Gang über einen Markt in Thailand oder Malaysia.

Und natürlich hat auch die Käsetheke einen hohen Reiz. Kaum ein Chinese kann sich vorstellen, dass man dieses Zeugs aus verfaulter Milch wirklich essen mag und die Verwunderung über die vielen dutzend Sorten ist vor allem beim ersten »Cheese Viewing« ziemlich groß. Selbst der Besuch einer Ausstellung mit hypermoderner Kunst ruft bei Chinesen weniger Erstaunen hervor als eine deutsche Käsetheke.

Irgendwann erzählte mir mal ein chinesischer Bekannter, dass es nicht nur die Exotik der Lebensmittel sei, sondern auch die Ordnung und Sauberkeit im Laden und ganz besonders in der Auslage. Das wäre so außergewöhnlich, dass er jedes Mal Fotos davon machen würde, um sich sozusagen empirisch davon zu überzeugen, dass es dort tatsächlich stets und dauerhaft gleichbleibend sauber und ordentlich sei.

Der Besitzer dieses erfolgreichen Wunderladens war übrigens früher einmal Militärattaché der DDR in China. Ihm gehören auch noch zwei deutsche Restaurants mit gnadenlos deutscher Gemütlichkeit, die sich nicht nur unter chinesischen Gästen größter Beliebtheit erfreuen. Ich sehe dort regelmäßig Ausländer aller Art, von afrikanischen Diplomaten bis zu russischen Geschäftsleuten. Dem Skatklub bin ich bis dato allerdings noch nicht beigetreten. Aber ich kann es mir ja noch überlegen.

Wo es einen deutschen Metzger gibt, ist ein deutscher Bäcker ja meist auch nicht weit. Tatsächlich gibt es hier inzwischen sogar zwei Bäcker aus Deutschland. Meine Lieblingsanlaufstation ist das »Café Konstanz«. Brot, Kuchen, Schwarzwälder Kirschtorte, hier gibt es alles, inklusive einer schwäbelnden Verkäuferin. Außerdem bietet die Speisekarte so schöne Sachen wie Spätzle, Maultaschen, Kartoffelsalat und natürlich Weißwürste. Ganz ohne Bayern geht es halt auch in Württemberg nicht. Die chinesische Bedienung serviert die Weißwürste und den Zwiebelrostbraten so heldenhaft, als handelte es sich um gebackene Maulwürfe und geschmorte Feldhamster, die ihr gleich vom Teller ins Gesicht springen. Aber sie lernt ja noch und kann ihren Freundinnen nach Feierabend bestimmt die tollsten Stories darüber erzählen, was die ausländischen Gäste für seltsames Zeugs essen.

Wenn es ganz vornehm werden soll, gehen meine chinesischen Kollegen und Geschäftspartner aber am allerliebsten ins »Paulaner«. Bayerisches Essen und Ambiente kommt bei Chinesen eben doch am besten an. Genauso stellen sie sich Deutschland vor. Außerdem sind die Preise hier ziemlich gepfeffert – und in China ist es wichtig, seinen Freunden und Geschäftspartnern zu zeigen, wie teuer sie einem sind.

Ich habe ja lange Zeit in München gelebt. Und nach so langer Zeit in China muss ich gestehen, dass Brezn, hausgebrautes Bier, Obatzda und sogar Schweinshaxen für mich inzwischen einen seltsam hohen Reiz haben.

Das hätte ich wirklich nicht von mir gedacht!

Ein paar kleinere Reflexionen
über das chinesische Fernsehen,
die chinesische Version von »Wetten dass?«
und über das, was der
chinesische Zuschauer so mag

xiǎng tiǎozhàn ma? Als am 1. Mai 1958 ab 7.05 Uhr morgens das erste chinesische Fernsehprogramm mit Nachrichten, Folkloretänzen und Propagandafilmen ausgestrahlt wurde, hätte sich im damals noch schwer kommunistischen China wohl niemand diesen »Großen Entertainment Sprung« träumen lassen, der ausgerechnet dazu führte, dass Jahrzehnte später zwei superhektische junge Showmaster jeden Sonntag ihrem wild mit Fähnchen winkenden Studiopublikum genau diese Frage aus einer dem Leser sicher hinreichend bekannten deutschen Fernsehshow zurufen würden.

Schon seit meinem ersten Tag in China schalte ich mindestens einmal am Tag die Fernsehkiste an und zappe mich dann durch alle Programme. Das brauche ich einfach, um herauszufinden, was in China gerade so angesagt ist. Ein durchaus zeitaufwendiges Hobby übrigens, denn Programmkanäle gibt es in diesem Land jede Menge. Das Fernsehen in China ist komplett staatlich und dadurch so eine Art Regierungsbehörde. Der nationale Sender heißt CCTV – Central China Television – und sitzt in Peking. Gleich bei mir um die Ecke, was in Peking einen Umkreis von ungefähr drei Kilometern einschließt.

Die chinesischen Provinzen haben ebenfalls alle eine Fernsehstation, ebenso wie die Landkreise und viele Städte und einige Ministerien und die Armee. Ich schätze, es gibt in China sicher mehr als tausend Fernsehsender und die bieten sicher wohl mehr als zehntausend Programmkanäle unterschiedlichster Art und Qualität. Glücklicherweise kann ich nicht alle empfangen. Sonst würde das Zappen ja schon den ganzen Tag dauern. Mir reichen die fünfzig oder sechzig, die mir irgendjemand mal in meinem Fernseher eingespeichert hat.

Besonders gern sehe ich die täglichen Serien, die sogenannten »Dailys«, viele handeln wie in Deutschland auf schlichteste Art und Weise von Familie, Büro, Schule usw. Es gibt aber auch eine Unmenge von historischen Serien, was wohl vor allem mit der zunehmend patriotischer werdenden Stimmung in der Gesellschaft, vor allem natürlich in der Politik und in den staatlichen Medien zu hat. Die historische Größe Chinas und vor allem der Stolz auf diese längst vergangene Größe werden offiziell praktisch überall gepriesen und sind ein wichtiger Teil der Ausbildung in Schule und Universität. Der Wunsch nach einer ungebrochenen und harmonischen Geschichtslinie über viertausend Jahre bis heute findet seinen populären Ausdruck dann wohl auch in einer Unmenge an pseudohistorischen »Daily Soaps«.

Ich sehe mir diese Serien sehr gern an, obwohl ich natürlich nicht allzu viel verstehe. Ich meine, rein sprachlich gesehen. Aber das macht eigentlich gar nichts. Ich höre einfach nur gern zu, wie in diesen Serien hübsche Prinzessinnen aus der Zeit der Ming-Dynastie, also so ungefähr um das Jahr fünfzehnhundert, im gleichen zickigen Tonfall reden wie die Mädels aus der Teenie-Serie, die kurz vorher gelaufen ist. Natürlich benehmen sie sich auch genauso, ebenso wie der tapfere junge Schwertkämpfer, der um sie buhlt, sich auch nicht anders verhält als der Teenie-Boy in der Disko.

Ich denke, ein weiterer Grund für die Vielzahl historischer Stoffe auf Schlagerniveau könnte auch sein, dass in China ein Zensursystem das Fernsehen kontrolliert. Natürlich nicht nur das Fernsehen, auch die Presse und den Film natürlich. Viele aktuelle und zeitnahe Stoffe und Themen stehen unter Zensurvorbehalt. Smarte Fernsehleute und Produzenten greifen daher zu historischen Stoffen, weil sie meist weniger heikel sind und schneller genehmigt werden.

Vor einiger Zeit erzählte mir ein junger chinesischer Regisseur von einem kleinen Zusammenstoß mit dem Filmzensurbüro der State Administration of Radio, Film and TV, kurz SARFT genannt. Diese Behörde kontrolliert alle visuellen Medien in China. Man möchte behördlicherseits gern das Image als unfreundliche Verhinderer ablegen und bestellt Autoren und Regisseure für freundliche Beratungsgespräche ein. So eben auch den jungen Regisseur, der ein Drehbuch über einen armen jungen Wanderarbeiter geschrieben hatte, der zum Geld verdienen nach Peking gegangen war. Das hübsche junge Mädchen, das er liebte, hatte er im heimatlichen Dorf zurückgelassen. Als er nach langen zwei Jahren genug Geld für die Heirat zusammenhatte, schrieb er seiner Liebe einen Brief und kündigte sein baldiges Kommen an. Dieser Brief ging bei der Post verloren. Das Mädchen wartete und wartete und da sie nichts hörte, gab sie einem anderen das Jawort. Der Wanderarbeiter kam zu spät. Großes Drama.

»Ein sehr gut beobachtetes Drehbuch«, lobte der Zensurbeamte am Anfang des Gesprächs und fuhr dann fort, Nettes zu sagen.

»Aber es geht natürlich nicht, dass der Brief verlorengeht!«

»Warum denn nicht?«, wollte der Regisseur wissen.

»Das ist doch logisch«, erwiderte der Zensurbeamte: »Die chinesischen Post verliert keine Briefe. Unsere Postbeamten arbeiten sehr pflichtbewusst. Deshalb kommt in China die Post immer an.«

Damit wäre die Story nun eigentlich gestorben. Aber unser Zensurbeamter war ja auch Berater und hatte eine Lösung: »Ich schlage vor, dass der junge Wanderarbeiter seinen Brief mit einer der vielen ausländischen Zusteller befördert. Bei einem ausländischen Unternehmen geht ja immer sehr vieles schief.«

Na bitte!

Das war die Lösung. Die schüchtern vorgetragenen Einwände, dass ein junger Wanderarbeiter kaum das Geld habe, einen teuren Kurierdienst zu bezahlen und sicher sowieso gar nicht auf die Idee kommen würde, das zu tun, wurden ignoriert.

Ganz Berater sagte der Zensurist: »Das ist ja nun wirklich ihr Problem, Herr Regisseur. Ich habe nur versucht, Ihnen zu helfen, aber das Drehbuch müssen Sie schon selber schreiben.«

So funktioniert Zensur in China auch.

Mit historischen Stoffen fährt man üblicherweise also besser. Man ist damit auf der sicheren Seite und kann in die Story noch aktuelle Anspielungen packen, dazu gibt man die nötige Prise Patriotismus, engagiert ein paar junge Schauspieler – die kosten ja auch meist nicht so viel – und unter Verzicht auf jede geschichtliche Faktizität und natürlich alle historische Logik entsteht so meist ein Werk, das die Zuschauer prima einseift.

Soap eben.

Aber es gibt auch im chinesischen Fernsehen Überraschungen. Als ich irgendwann wieder mal meinen Fernsehapparat einschaltete, war ich sofort fasziniert von der hektischen lauten Atmosphäre, die eine Sendung verbreitete und noch mehr von dem Gefühl, ich hätte so etwas schon mal irgendwo gesehen. Als eine nett aussehende junge Dame sich plötzlich die High Heels auszog und auf eilig herangekarrten Glühbirnen herumzulaufen begann, wusste ich Bescheid.

Genau. »xiǎng tiǎozhàn ma?« war die chinesische Version von »Wetten dass?« Vor Jahren wurde sie an das chinesische Staatsfernsehen CCTV verkauft. Lustigerweise habe ich in diversen Gesprächen mit Kollegen vom chinesischen Fernsehen herausgefunden, dass nicht nur die chinesischen Zuschauer der felsenfesten Überzeugung seien, das Konzept der Sendung sei in China entwickelt worden. Allen war klar, dass wir Deutschen doch viel zu seriös seien, so eine Albernheit selbst zu entwickeln und das Format deshalb einfach kopiert hätten. Das sei ja nun eigentlich gar nicht nett von uns und so wurde bei der Gelegenheit noch scherzhaft gedroht, man würde dann eben im Gegenzug wieder mal was von uns kopieren. Tja, das ist so eine Sache mit den interkulturellen Missverständnissen!

Ich arbeite ja in einer Organisation im Umfeld des chinesischen Fernsehens. Da dachte man wohl bei den Produzenten dieser in China übrigens bemerkenswert erfolgreichen Sendung, dass es eine nette Geste sei, mir eine Freikarte für die chinesische Version von »xiǎng tiǎozhàn ma?« zukommen zu lassen. Die Show wird in China natürlich aufgezeichnet. Live-Sendungen gibt es in diesem Land praktisch nicht. Die chinesische Regierung schätzt spontane Regungen nur, wenn sie vorher gründlich abgesprochen wurden.

Mit einer Gruppe anderer deutscher Expats, also in China wohnender Ausländer mit deutschem Pass, wurden wir eines Tages in einem Produktionsbus zu einer großen, ziemlich abgelegenen Sporthalle gekarrt. Ich hatte dort schon einmal internationale Fechtwettkämpfe gesehen. Nicht dass ich mich sonderlich fürs Fechten interessierte. Es war eher die fechtbegeisterte Begleiterin, die es mir damals angetan hatte. Es war Hochsommer und wirklich richtig heiß.

Die Sporthalle fasste wohl an die fünftausend Zuschauer und es war leider gar keine Klimaanlage zu sehen, geschweige denn zu spüren. Nur auf der Bühne standen winzige portable Geräte, die wohl die Darsteller davor beschützen sollten, auseinanderzufließen. Am Eingang bekamen wir bereits aufgeblasene Luftballons mit dem Namen der Show in die Hand gedrückt und durften uns dann sogar in die erste Reihe setzen. Das ist eigentlich die dümmste Reihe bei einer offiziellen Veranstaltung. Besonders weil man sich von dort nicht einfach still und leise verdrücken kann. Und wenn man Pech hat, muss man sogar noch auf die Bühne und dort irgendeinen Unsinn treiben. Das ist dann immer alles sehr peinlich und macht mir gar keinen Spaß – den anderen allerdings oft umso mehr. Wenn ich also bei einer Veranstaltung nicht gerade zu den Ehrengästen gehöre, versuche ich immer, mich möglichst weit hinten zu platzieren und am besten auch nicht allzu weit von der Tür entfernt.

Aber heute war nichts zu machen. Die Aufnahmeassistentin war freundlich, aber unerbittlich. Ich saß also in der ersten Reihe. Es wurde immer voller und naturgemäß auch immer heißer, doch dem überwiegend jugendlichen chinesischen Publikum machte das nicht allzu viel aus.

Gut gelaunt wurde literweise lauwarme Cola getrunken und auf Anweisung weiterer Assistenten schon mal mit den Luftballons geübt und ein wenig gejohlt. Die länglichen Ballons sollten wohl später als eine Art Winkelement eingesetzt werden. Die Scheinwerfer gingen jetzt alle an und es wurde noch ein paar Grad heißer. Irgendwann ging es dann auch endlich los mit der Sendung. Fernsehaufzeichnungen macht man übrigens möglichst auch an einem Stück, weil es sehr schwierig ist, eine Sendung aus verschiedenen Aufzeichnungsteilen zusammenzuschneiden. Die einzelnen Sequenzen passen dann meist nicht so recht zusammen.

Stargast der Sendung war übrigens ein angegrauter deutscher Volksliedzausel, der in Deutschland in mir zum Glück unbekannten Publikumsregionen einen gewissen Starruhm genießt. Natürlich kannte im Publikum niemand diesen älteren Herrn aus Deutschland mit der Gitarre vor dem Bauch. Aber das weinrote Sakko gefiel, in dem der erwartungsvoll schwitzende Volksmusikant vor einer der portablen Klimaanlagen auf seinen Einsatz wartete.

Gladiatorenmusik ertönte, viel Trockeneis wurde für Bühnenrauch verbraucht, es dampfte bis tief in die erste Reihe, und zwei junge und sofort nervös drauflosquasselnde Moderatoren in Jeans und Turnschuhen stürmten auf die Bühne. Begeistert wurden auf das Signal der Aufnahmeleitung hin Tausende von bedruckten Luftballons geschwenkt, es wurde hemmungslos mit den Füßen getrampelt und auch sonst waren alle Zeichen öffentlichen Lustempfindens zu erkennen. Für einen westlichen Ausländer sehen viele Chinesen, vor allem Chinesinnen, auf den ersten Blick meist jünger aus als sie eigentlich sind. So hatte ich den Eindruck, auf und vor der Bühne würden überwiegend Konfirmanden, Schülerinnen aus der Untersekunda und vielleicht noch ein paar Abiturientinnen herumlärmen.

Eine Reihe von Wettexperimenten wurden von den ruhelos hin- und hertigernden Moderatoren in Szene gesetzt und überaus hektisch kommentiert. Dann trat eine Vorkonfirmandin in einem für ihr Alter viel zu offenherzigen Kleid dazu und sang ein Lied über die Schönheiten der Liebe. Irgendwann wurde dann der deutsche Troubadix auf die Bühne geschoben und von den beiden Moderatoren zugeschnattert. In dieser Umgebung wirkte der etwas geriatrisch herumstehende Sänger tatsächlich so konzentriert und würdig wie ein »Elder Statesman« auf seinem wichtigsten Staatsbesuch. Was möglicherweise auch daran lag, dass er natürlich kein Wort von dem verstand, was ihm da vorgeredet wurde und er intensiv der Simultandolmetscherin lauschen musste. Ebenso würdig und stilvoll diplomatisch war denn auch seine Antwort auf die für alle Ausländer unvermeidliche Frage, wie ihm China gefalle. Er sagte so ungefähr, China sei natürlich ein großes Land und er habe nur einen kleinen Teil davon gesehen. Der Teil aber habe ihm ganz prima gefallen, ganz besonders die Mauer. Dann bestätigte er auf Nachfrage, dass Deutschland natürlich auch ein schönes Land sei, aber natürlich nicht so groß wie China. Um nicht zu sagen, Deutschland sei viel kleiner als China.

Jede dieser tiefgründig hervorgebrachten Antworten wurde im Publikum mit frenetischem Luftballonschwenken und Fußgetrappel begeistert gefeiert und der sinnlos vor sich hin lächelnde Botschafter des deutschen Liedguts, zu dem er sich im Lauf des Gesprächs selbst ernannte, sah während des Interviews tatsächlich etwas weniger geriatrisch aus als zu Beginn. Und dann kam das Unvermeidliche. Der gesangsinkontinente Liedgutbotschafter sollte und wollte und *musste* singen. Halbplayback, also die Musik vom Band und die Stimme vom Original.

Ich kann nicht sagen, dass es mir gefallen hätte. Das Lebhafteste an ihm war ohne Zweifel sein roter Zweireiher. Vor allem die im Scheinwerferlicht blinkenden Goldknöpfe. Doch ansonsten hatte dieser so sangesfroh daherschreitende Mann für mich die Ausstrahlung einer überkeimten Kellerkartoffel.

Dem chinesischen Publikum war es wohl überwiegend auch rätselhaft, worum es hier eigentlich gehen sollte und warum dieser Deutsche eigentlich da oben auf der Bühne stand. Ich glaube, man hielt den tapfer auf der Gitarre klampfenden Alten für eine Art deutschen Rentner, der die Traumreise seines Lebens nach China gewonnen hatte und als Höhepunkt des

Reiseabenteuers nun noch sein Lieblingslied vortragen durfte. Doch das chinesische Publikum ist generell außerordentlich begeisterungsfähig und vor allem auch zutiefst begeisterungsbereit. Da kann einem Niedersachsen wie mir schon mal schwummerig werden vor so viel Enthusiasmus. So wurden nach dem wohl unvermeidlichen Potpourri beliebter deutscher Volkslieder und dem Abgang des im Grunde mindestens mittelschwer irritiert wirkenden Sängers wieder begeistert die Ballone geschwenkt und mit den Füßen getrampelt.

Es gelang mir, mich in einem unbeobachteten Moment zu verdrücken und so die After-Show-Party mitsamt Sänger und dessen hochtoupierter Gattin zu schwänzen. Draußen vor der Halle waren es geschätzte vierzig Grad Celsius, im Vergleich zur Sporthalle also erfrischend kühl. Ich erwischte ein Taxi, dessen Fahrer sogar ungefähr wusste, wohin ich gern gefahren werden wollte und alles war wieder gut.

Bald war ich daheim, öffnete mir eine Flasche Weißwein und sah noch ein wenig fern.

Es wird wohl Wein sein. Bericht von meinem ersten, dem Genuss im Allgemeinen und anderen Geschmacksverwirrungen

Meine ersten Wochen in meiner neuen Heimatstadt Peking wohnte ich im Hotel. Tagsüber war ich auf Wohnungssuche und abends stand natürlich immer ein Restaurantbesuch auf dem Integrationsprogramm. Ich weiß bis heute wirklich immer noch nicht, wie viele Restaurants aller möglichen Arten, Größen und Preisklassen es in Peking gibt. Es sind sicher Hunderttausende. Und es werden immer mehr. Sie alle zu testen, dürfte eine der nur anfangs attraktiven Schnapsideen sein, bei denen man aber besser gleich Ideen-Abstinenzler bleibt.

Ich habe ganz am Anfang meines neuen Lebens in Peking tatsächlich mit dem Gedanken gespielt, wenigstens die Lokale in meinem Pekinger Stadtviertel, dem Chaoyang-Distrikt, spaßeshalber einfach nur mal zu zählen. In allen diesen Lokalen essen zu gehen würde wahrscheinlich bedeuten, in meiner noch verfügbaren Lebenszeit nicht viel anderes mehr zu tun. Tatsächlich fiel mir dann irgendwann auf, dass der Stadtteil ungefähr so groß ist wie München, doppelt so viele Einwohner hat und dort geschätzt wohl um die zehn Lokale unterschiedlichster Art, vom Nudelsuppenimbiss bis zum vornehmen, teuren Peking-Enten-Restaurant, auf circa einhundert Metern Straßenstrecke kommen.

Ich nahm mir deshalb vor, dann vielleicht doch lieber weiter meine Zeit nach Lust und Laune mit dem Essen in Restaurants statt mit Zählen derselben zu verbringen. Das Essen ist ja auch schon anstrengend genug. Allein die unterschiedlichen nationalen Küchen des Landes in all ihren Variationen und Gerichten auszuprobieren, ist selbst für kulinarisch abgehärtete und essbegeisterte Menschen wie mich eine kaum zu schaffende Herausforderung. Vor allem wenn man ab und zu noch etwas anderes machen möchte als das. Allerdings: Alles Kulinarische bleibt natürlich nach wie vor eine meiner vorrangigen Lieblingsbeschäftigungen. Es gibt natürlich auch nachrangige Lieblingsbeschäftigungen, wie zum Beispiel das Schuhe putzen.

In meinen ersten Pekinger Wochen hatte ich auch schon einige nette Chinesen getroffen, die diese Leidenschaft teilten. Ich meine natürlich nicht Schuhe putzen, sondern essen gehen. Ich habe übrigens überhaupt noch gar keinen Chinesen getroffen, der nicht gern gegessen hätte. Wirklich nicht einen. Und so ging ich eines Abends mit einigen meiner neu erworbenen chinesischen Bekannten wieder einmal los. Diesmal in ein Sichuan-Restaurant, um die in dieser westlichen Provinz Chinas gepflegte wunderbar scharfe Küche zu genießen, die ich so sehr schätze. Eine der vielen hektisch bedienenden Service-Damen warf mir zur Speisekarte freundlicherweise auch noch eine »Winelist« auf den Tisch. Mit der Speisekarte hatte ich selten Probleme, denn in China findet man in den meisten Karten auch mehr oder weniger gelungene Fotos der Gerichte. Man sollte sich von merkwürdigen fotografischen Abbildungen also nicht schrecken lassen. Es kann durchaus schon mal vorkommen, dass die Spezialität des Hauses aussieht wie zu lange geschredderte Krötenembryonen. Möglicherweise sind es sogar welche. Mein Tipp: einfach ignorieren und tapfer drauflosbestellen. Die umfangreiche »Winelist« begeisterte mich sofort und unmittelbar. Ich konnte es nicht glauben.

»Wahnsinn«, dachte ich. »Hier gibt es die tollsten Jahrgänge. Einen 45er für umgerechnet zwanzig Euro. Oder den 58er für umgerechnet zehn Euro!« In keinem interkulturellen Seminar war das Thema chinesischer Wein auch nur erwähnt worden. »Das ist wieder mal typisch«, dachte ich mir. »Die wirklich wichtigen Dinge werden einem nicht beigebracht.«

Dieses unverhofft aufgetauchte Weinabenteuer wollte ich mir wirklich nicht entgehen lassen. Einerseits wollte ich natürlich sofort mit der Bestellung loslegen, aber andererseits auch nicht angeberisch wirken und gleich den edlen 48er-Jahrgang bestellen. Aufgeregt winkte ich also die Bedienung herbei und zeigte bescheiden auf den Wein vom Jahrgang 78.

»Für den Anfang ja auch schon mal nicht schlecht«, dachte ich mir.

Oh je, was gab das plötzlich für ein Geschnatter am Tisch. Alle meine neuen Bekannten redeten auf mich ein, und alle auch noch gleichzeitig. Die Bedienungsdame tat ihr Möglichstes, den Beratungslärm noch zu steigern und plapperte pausenlos und aufgeregt dazwischen. Ich konnte mangels soliderer Sprachkenntnisse beim besten Willen erst mal rein gar nicht herausbekommen, was jetzt eigentlich los war. Außer natürlich, dass ich wohl irgendwas bei der Bestellung falsch gemacht hatte. Erklärungsideen schossen mir durch den leicht konfusen Kopf. Möglicherweise war der Jahrgang nicht mehr vorrätig? Galt die Bestellung von Jahrgangsweinen als dekadent? Hatte vielleicht jemand in meiner Begleitung durch meine eigenmächtige Bestellung sein Gesicht verloren? Ich sah mich um – nein, alle Gesichter saßen noch an ihrem Platz. Keines fehlte. Eine allgemeine Verunsicherung überkam mich. Ich fühlte mich so unendlich einsam und mir wurde blitzartig klar, dass ich mich allein gegen eine Phalanx notorisch lärmender Chinesen zu behaupten hatte.

Also wirklich! Warum durfte ich mir nicht ein Fläschchen Wein bestellen? Ich war ja durchaus bereit, es auch selber zu bezahlen. Durften denn irgendwelche Chinesen, die ich gerade erst kennengelernt hatte, jetzt schon einfach darüber bestimmen, was ich bestelle oder nicht? Doch es war aussichtslos. Ich konnte mich nicht behaupten. Irgendwann schließlich, ich war bereits aus Verzweiflung auf Bier umgeschwenkt, klappte es überraschenderweise dann doch mit der Verständigung.

Tatsächlich stellte sich heraus: Man wollte mich ja gar nicht bevormunden, sondern mich und wohl vor allem auch meine Leber lediglich vor größerem Schaden bewahren. Auf der Winelist sind in China nämlich ausschließlich Schnäpse vermerkt. Es werden demzufolge auch nicht die Jahrgänge angezeigt, sondern der Alkoholgehalt der Getränke. Um ein Haar hätte ich mir also statt eines Weines (pútáojiǔ) vom Jahrgang 1978 eine Flasche wahrhaft hochprozentigen báijiǔ (Schnaps) mit achtundsiebzig Prozent Alkoholgehalt bestellt!

Wer schon einmal chinesischen Schnaps getrunken hat, der wird wissen, was mir durch den mutigen Einsatz der Freunde erspart blieb.

Natürlich musste ich später noch oft báijiǔ unterschiedlichster Qualitäten und vor allem auch Quantitäten in mich hineintrinken. Aber zu diesen Zeiten war ich ja schon eine gefestigte »Old China Hand«, also ein alter Chinakenner, wie man so zu sagen pflegt. Als naiver, kulinarisch-interkultureller Novize, die Geschmacksnerven noch nicht abgehärtet in jahrelanger Kampftrinkerroutine, hätte ich damals möglicherweise schon in der Frühphase meiner Eingliederung in die Abläufe chinesischer Gesamtkulinarik einen schweren báijiǔ-Schnaps-Schock erlitten. Nicht auszudenken, was die Folgen hätten sein können! Zum Glück konnte das mögliche Maleur ja durch den heroischen Selbstverzicht der neugewonnen Freunde vermieden werden. Denn wie ich heute vermute, hätten die damals selbst wohl nichts dagegen gehabt, dem kräftigen 78er-

Schnaps den Garaus zu machen. Ich bin übrigens bis heute kein Freund der chinesischen Schnäpse. Der mehr oder weniger muffige báijiǔ-Geschmack erinnert mich an vergorene alte Socken. Ein Schnapsgetränk aus diesem sehr speziellen Grundmaterial habe ich zwar glücklicherweise noch nie gekostet, zugegeben! Doch wenn es dieses Altesockengetränk in irgendeinem verborgenen Land dieser Welt auf Flaschen gezogen zu kaufen gäbe, dann wäre es von chinesischem Schnaps bestimmt kaum zu unterscheiden. Den echten báijiǔ gibt es natürlich in unterschiedlichsten Qualitäts- und Preiskategorien. Das landesweit sehr geschätzte Getränk kann schon mal außerordentlich teuer sein und umgerechnet hunderte oder sogar tausende von Euros kosten, aber auch superbillig in praktischen Taschenfläschchen im Schnapsladen oder Supermarkt erworben werden. Mutige Ausländer trinken diesen klaren, billigen Fusel manchmal sogar freiwillig. Eine wirklich bemerkenswerte Anpassungsleistung an fremde Trinksitten. Ansonsten, so habe ich mir von Technikprofis sagen lassen, kann man damit auch bestens Kamerakabel und Computermonitore reinigen. Generell möchte ich zum Thema Schnaps in China sagen: Egal wie es heißt und was es kostet, es ist für den europäischen Gaumen außergewöhnlich stark gewöhnungsbedürftig. Hergestellt wird das ausländerfeindliche Getränk vor allem aus Hirse, Reis und einer Art Dinkel.

pútáojiǔ, also Wein nach europäischer Definition, um wieder zum Thema zu kommen, findet man fast nur in Restaurants der oberen Kategorien, wo er üblicherweise zu kalt oder zu warm, auf jeden Fall aber zu teuer serviert wird. Bestellt wird er oft von heimwehkranken Ausländern, die noch nicht lange genug im Land sind, um zu wissen, dass man in China nicht allzu viel Mühe auf die Herstellung von Weinen aus Trauben verwendet. Die meisten Chinesen bevorzugen die teure Importvariante, sehr gern aus Frankreich. In diesem

Fall dient er sowieso eher als Statussymbol, als Zeichen des sozialen Aufstiegs und als Ausweis für Reichtum. Da kann man den Geschmack auch gern mal mit Zucker oder Cola aufmöbeln. Und dann macht es auch nichts, wenn man statt eines lauwarmen Chablis einen eiskalten Merlot serviert bekommt. Die Hauptsache ist, dass man durch den Wein zeigt, was man sich alles leisten kann.

Kaum einer dieser neuen Weinliebhaber weiß jedoch, wie man die verflixten Flaschen überhaupt öffnet. Meist hacken die neuen Weinfreunde mit dem Küchenmesser auf den armen Korken ein, bis der völlig zerfetzt in der prestigeträchtigen Flüssigkeit herumschwimmt. Gern wird der Korken auch komplett in die Flasche gedrückt. Das gibt dann eine überraschende Weindusche für den ungeduldigen Genießer.

Zum Glück werden heutzutage immer mehr Flaschen mit Schraubverschluss angeboten. Eine Innovation, die möglicherweise für den chinesischen Weinkonsumenten entwickelt wurde?

Auf jeden Fall wird der Griff zur Weinflasche so nicht mehr zu einem Selbstmordversuch.

Ich konnte übrigens einmal in der Bar eines großen und teuren Pekinger Hotels dabei zusehen, wie sich eine kleine Gruppe wohlhabender Chinesen einige ziemlich edle Flaschen Bordeaux bestellte. Mit dem Öffnen der Flasche hatte die junge Servicedame, die wohl vor allem wegen des Niedlichkeitsfaktors eingestellt worden war, erwartungsgemäß so ihre Schwierigkeiten. Sie schaffte es dann aber doch, den Korken zu zerbröseln, ohne sich oder ihre Gäste in größere Verletzungsgefahr zu bringen. Es waren einige Bouteillen des allerfeinsten Chateau Laffite Rothschild, die Flasche für deutlich mehr als den Preis eines Kleinwagens. Der schmeckte der Dreiergruppe allerdings wohl nicht besonders gut, was an ihrer Mimik gut zu sehen war.

Also wurden ganz schnell einige Dosen Fanta bestellt, um den Wein geschmacklich zufriedenstellend aufzumöbeln.

Weinbau hat in China natürlich auch keine echte Tradition, obwohl der deutsche Kolonialwahn nicht nur in Tsing Tao, das heute Qingdao heißt, die chinesische Bierbrautradition mitbegründen half, sondern auch auf der Shangdong-Halbinsel schon Mitte des 19. Jahrhunderts die große »Melco«-Weinkellerei. Diese Halbinsel liegt übrigens auf derselben geografischen Breite wie das Napa Valley in Kalifornien, hätte also allerbeste Voraussetzungen für die Produktion guter Weine. Aber was soll man zu Winzern sagen, die ihre Weingüter »Brauereien« nennen?

Gelernt habe ich von meinen chinesischen Freunden, dass die sogenannte »Kulturrevolution« auch ein gnadenloser Vernichtungskrieg gegen alles Kulinarische war. So wurden eben nicht nur Intellektuelle, Schriftsteller, Filmemacher mit Berufsverbot belegt, verbannt oder deportiert, sondern zum Beispiel auch Köche und die wenigen Weinbauexperten, die man im Lande hatte. Deshalb musste man in China mit dem Weinbau in den achtziger Jahren des vorigen Jahrhunderts praktisch ganz von vorn anfangen. Besonders gut gelungen scheint mir das bis dato nicht. Kleine private Weinbauern gibt es praktisch keine, sondern nur riesige Unternehmen der Weinindustrie. Die setzen im Moment noch auf Masse und hohe Erträge statt auf Qualität. Der gewünschte Geschmack und die Haltbarkeit werden dann wohl durch entsprechende Substanzen beim »Brauen« zugefügt. In China gibt es dafür keine speziellen Gesetze oder Vorschriften und deshalb ist praktisch alles erlaubt respektive es wird eben einfach alles gemacht.

Mit einigen Freunden verbrachte ich einmal ein Wochenende auf einem Weingut in der Nähe von Peking. Die chinesische Hauptstadt liegt übrigens auf demselben Breitengrad wie Barcelona. Der notwendige Sonnenschein für Wein ist also auch hier garantiert. Das Weingut gehörte einer chinesischen Investorengruppe und der Wein wurde in Kooperation mit einem italienischen Weinbauunternehmen produziert.

Die hatten wohl auch die Idee, auf dem Weingut eine Art Gästehaus zu errichten und Weinwochenenden anzubieten. So kam ich in den Genuss, kurz hinter die Kulissen der chinesischen Weinproduktion schauen zu können.

Das kleine Weinwochenende begann schon mit einer Überraschung. Es gab nämlich gar keinen Wein im Restaurant, sondern nur Bier. Das sei ja doch ein wenig seltsam für ein Weingut, fanden wir, und brachten das auch der Servicedame gegenüber zum Ausdruck. Die war ziemlich brüsk und sagte eigentlich immer nur und mit wachsendem Nachdruck: »méiyǒu«. Was so viel bedeutet wie »gibt's nicht«, »kenn ich nicht«, »weiß ich nicht«. Zum Glück waren durchsetzungsstarke, chinesisch sprechende Freunde mit dabei. Die wurden irgendwann einmal wirklich ungeduldig, wollten Wein und Aufklärung – möglichst in dieser Reihenfolge – und wurden dann wohl auch ein wenig laut.

Prompt eilte ein gequält lächelnder Restaurantmanager herbei und erklärte uns, dass Restaurant und Weingut eigentlich gar nichts miteinander zu tun hätten. Man habe hier lediglich die Lizenz zur Gästebewirtung von den Investoren gekauft. Die Weine allerdings seien im Einkauf viel zu teuer und außerdem schmeckten sie sowieso nicht. Er würde uns wirklich raten, lieber das gute Yanying-Bier zu trinken. Das sei ja auch viel besser für die Gesundheit. Ich war erst relativ kurz in China und fand diese Dialoge noch recht erstaunlich. Die deutschen Freunde lebten damals schon jahrelang im Land und so konnte sie ein Bierlokal auf einem Weingut kaum noch erschüttern.

Wir lösten das Problem eher einfach, indem wir unseren Wein im hoteleigenen Souvenirshop kauften und die Flaschen einfach mit ins Restaurant nahmen.

Die Reben auf chinesischen Weingütern stehen sehr dicht und werden stark bewässert. Das steigert Menge und Masse. In diesem Zusammenhang ist mir immer wieder aufgefallen: China wird erotisiert durch die Magie der hohen Zahlen, der großen Mengen. Die Herrschaft des Quantifizierbaren, des Messbaren also. Qualität dagegen ist schwer in Maßeinheiten und Zahlen auszudrücken. Daher interessiert das im Grunde auch niemanden.

Die Weinlese muss sehr früh beginnen, um Fäulnis und Krankheiten vorzubeugen. Der Mangel an Substanz und Geschmack wird dann durch entsprechende Chemikalien ausgeglichen. Davon gibt es ja genügend. Im Supermarkt werden die Standardsorten von Unternehmen wie »Great Wall« oder »Changyu« für umgerechnet fünf bis zehn Euro für einen Rot- oder auch Weißwein verkauft. Dem Wein fehlt es allerdings an jeglicher Finesse. Die bekommt man aber auch dann nicht, wenn man zu teureren Weinen greift, die meist nur im leider auch in China penetrant gewordenen Barrique auf die beliebte Holznote getrimmt werden. Die preiswerteren Varianten sind vielleicht auch nur mit Eichholzschnipseln oder einem synthetischen Geschmacksverstärker »barriquisiert«. Die Merlottraube erfreut sich offensichtlich ebenfalls einer großen Beliebtheit bei den Weinbaubetrieben. Bei mir, vor allem wegen der geschmacklichen Tristesse der bisher getrunkenen Flaschen, steht Wein aus der chinesischen Merlottrauben auf der Liste zu vermeidender Getränke. Ich habe mich lange und ernsthaft trinkend bemüht, chinesischen Wein nicht nur zu konsumieren, weil ich nun mal in China lebe, sondern möglichst auch zu mögen. Das ist aber wahrlich nicht einfach, um nicht zu sagen: Es ist anstrengend. Und eigentlich auch kaum der Mühe wert. Warum schmeckt Pinot Noir, eine klassische Burgundertraube, beispielsweise sehr oft wie ein Bordeaux? Keiner möchte es mir sagen. Die chinesischen Weinbrauer wissen ja im Grunde auch selber nicht, wie die Weine schmecken sollten, die sie sich da zusammenwinzern. Viele Weine haben einen geradezu pharmazeutischen Abgang. Auch konnte ich in China zum ersten Mal Wein entdecken, der direkt aus einer Schwefelquelle abgezapft schien. Ich muss es also bekennen – zurzeit kaufe und trinke ich keine chinesischen Weine mehr. Zum Glück ist seit einigen Jahren der Weingenuss in China schon populärer geworden. Deshalb gibt es immer mehr Geschäfte, die auch Weine aus Europa, Australien oder den USA anbieten. Hier muss man aber inzwischen auch aufpassen, weil immer mehr Flaschen mit gefälschten Weinetiketten verkauft werden.

Für die Freunde stärkerer Getränke sei noch angemerkt: Whisky und Cognac gehören schon länger in das Ensemble beliebter und prestigeträchtiger westlicher Alkoholika. Aber auch diese für chinesische Kehlen immer noch ziemlich ungewohnten Flüssigkeiten werden natürlich sehr gern mit Fanta oder Cola gemischt. Das sind im Grunde genommen ja auch keine chinesischen Getränke, aber sie sind wenigstens süß. Letztlich spielt dann bei dieser gnadenlosen Getränkemixerei ein gefälschtes Etikett sowieso keine große Rolle mehr. In diesem Sinne also: Prost! Auf echt Chinesisch übrigens Gānbēi!:
»Trockne das Glas!

Liebe, Hochzeit, Eigentum

Als mir zum ersten Mal klar wurde, dass sich in China ein Busticket ganz schnell in die Bordkarte für einen Flug ins Wunderland der Ehe verwandeln kann, war es im Grunde schon fast zu spät. Mit einem Bus nämlich war ich mit meiner chinesischen Freundin Zhu Lin, die so strahlend und heiter aussieht wie ihr englischer Vorname Summer, von ihrem Wohnort Shanghai aus zu ihren Eltern gefahren, in eine kleine Stadt in der Nähe von Suzhou. Wir verbrachten dort ein sehr nettes Wochenende. So dachte ich es mir jedenfalls.

Chinesische Gastfreundschaft habe ich immer als herzlich, generös und oft auch überschäumend erlebt. Ich war ja außerdem auch der erste lǎowài, der in diesem Familienrund jemals aufgetaucht war, und allein das machte meinen Besuch zu einer Art historischem Ereignis, an dem natürlich auch die Nachbarn gern teilhaben wollten. Im ganzen Haus wurde ich auf einen Tee, Obst, gezuckerte Tomaten, Sonnenblumenkerne oder Erdnüsse herumgereicht.

Doch nicht nur die Nachbarn und Freunde der Familie versetzte ich in Begeisterung, sondern auch einen nicht unbedeutenden Teil der mit vielleicht hunderttausend Einwohnern eher kleinen Stadt. Beim abendlichen Stadtbummel wurde ich eindeutig als Attraktion des Abends identifiziert. Kinder dürfen in China recht lange aufbleiben und so folgte uns stets eine Horde aufgeregt tuschelnder Jungen und Mädchen auf unserem Weg. Staunen und Bewunderung galt aber auch meiner Begleiterin, die ja gleichsam Besitzerin und Dompteurin dieses seltsam fremden Wesens war. Manche waren mutig genug, sich an mich heranzupirschen und durch einen schnellen

Wischtest mit dem Finger zu testen, ob meine Hautfarbe denn wohl tatsächlich echt sei.

Natürlich fühlte ich mich wohl an diesem Wochenende. Anfangs jedenfalls. Neugier aller Art, vor allem kindliche, ist nichts Neues für mich, das passierte mir schon in vielen chinesischen Städten, die außerhalb der touristischen Besucherströme liegen. Und chinesische Gastfreundschaft ist immer wunderbar und intensiv Der Wohlfühlfaktor begann im Lauf des Wochenendes dann aber doch leicht zu sinken. Ich fand nämlich heraus, dass der Besuch bei Summers Eltern bei den Besuchern, also der Tochter und mir, eine Art Metamorphose einleitete und so aus der Freundin Summer mit einer gewissen mechanischen Unerbittlichkeit gleichsam die Braut Zhu Lin machte und aus mir logischerweise den Bräutigam. Ich erlebte hier zum ersten Mal selbst, was ich in irgendwelchen interkulturellen Seminaren, die ich ja überwiegend besucht hatte, als ich noch verheiratet war, gehört, aber wohl damals als für mich eher unwichtig ignoriert hatte. Irgendwann hatte ich dann auch den Eindruck, China sei inzwischen doch viel zu modern, um noch solchen altmodischen Bräuchen nachzuhängen. In den erotischen Beziehungen zwischen Frauen und Männern hat sich in den letzten Jahren tatsächlich einiges verändert. Vor allem in den Großstädten. Man muss nicht mehr verheiratet sein, um miteinander zu schlafen. Ich hatte in meiner männlichen Naivität das so interpretiert, dass eine längere Beziehung dann ja auch ohne Trauschein möglich sei.

Ja, Pustekuchen, so hätte meine Oma gesagt. China ist konservativ. Chinesen sind konservativ. Und Chinesinnen sind besonders konservativ. In ihnen allen wohnt der Wunsch nach dem offiziellen Familienglück, nach der Traumhochzeit mit Hunderten von Gästen, nach der Eigentumswohnung, die unbedingt zum Eheglück dazugehört, und natürlich nach dem ersten und gleichzeitig einzigen Kind, das man offiziell in China haben darf.

In einem Land, in dem die Verpackung mehr zählt als der Inhalt, ist natürlich auch die opulente fotografische Dokumentation des startenden Eheglücks für viele wichtiger als das Eheglück selbst.

Wenn ich am Wochenende mal in einem Park spazieren gehe oder in der berühmten Pekinger »798 Kunstfabrik« herumlaufe, einem riesigen alten Fabrikgelände, auf dem sich inzwischen viele Künstler, Galerien und Restaurants angesiedelt haben, sehe ich Hunderte von jungen Paaren, die von genauso vielen und ziemlich angenervt wirkenden Fotografenteams eskortiert werden. Sie alle sind unterwegs, um die für das Eheglück unverzichtbaren Hochzeitsfotos zu schießen.

Hintergründe, Kulissen, Kostüme, Dekorationsobjekte wechseln je nach Region und natürlich Jahreszeit. Die standardisierten Posen aber bleiben immer die gleichen. Ich vermute eine stillschweigende, sozusagen sozial-intuitive, nationale Übereinkunft, die vor allem eine wenigstens prinzipielle Vergleichbarkeit der Trilliarden von Hochzeitsfotos herstellen möchte – möglicherweise auch deswegen, damit ich (und andere natürlich auch) nie das Gefühl habe, man hätte etwas verpasst, wenn man sich den Hochglanzkitsch nicht anschaut.

Dem ersehnten Ereignis des Fotografiertwerdens – meinem Eindruck nach manches Mal wirklich der Höhepunkt des Ehelebens – geht natürlich eine aufregende, auf jeden Fall für die Braut, Vorbereitung voraus. Die auf Hochzeitsfotografie spezialisierten Studios liegen meist in einer Straße. Das Brautpaar, angeführt natürlich von der Braut, die auch den Termin vereinbart hat, betritt das Geschäft. Die Fotoberaterin wartet schon mit den Musterbüchern für Frisuren, Kostüme und Locations.

Wann immer ich Zeit habe auf meinen Reisen durch das Land, schlendere ich durch die Straßen. Besonders fasziniert bin ich immer wieder von den immer zahlreicher werdenden Fotostudios für Brautpaare und der Beobachtung der Paare. Tatsächlich wirkt der mitgeschleifte Bräutigam meist schon beim Betreten des Ladens irgendwie lustlos. Wahrscheinlich sehnt er sich nach seinen Kumpels oder wenigstens einem Videospiel. Er blickt verzweifelt auf sein Smartphone. Dieser sonst so zuverlässige Zeitvertreiber kann ihm aber heute auch nicht wirklich helfen.

Der Braut macht das alles natürlich nichts. Intensiv diskutiert sie mit ihrer persönlichen Beraterin das Kleid, das während der Fotosession getragen werden soll. Das Studio bietet dafür einen umfangreichen Fundus, der selbstredend zunächst ausprobiert werden muss. Natürlich stehen auch für den zukünftigen Gatten die unterschiedlichsten Kostüme bereit. Da glitzern goldgewirkte und epaulettenpralle Admiralsuniformen auf den Kleiderstangen, daneben Fräcke von kanariengelb bis rosa und schwarz, Dinnerjackets und Smokings. Dem Ärmsten ist offensichtlich immer noch keine Ausrede eingefallen, warum er gleich weg muss.

Wo der Herr noch die Wahl unter dutzenden von Modellen hatte, kann die Braut nun aus hunderten wählen. Und sie wählt. Und das dauert.

Ist die Kleiderfrage endlich geklärt, muss die Frisur intensiv besprochen werden. Natürlich die der Braut. Die Beraterin zeigt dicke Mappen mit Beispielfotos. Natürlich kann auch alles neu kombiniert werden. Die einzige Kombination, die den inzwischen immer mal wieder einnickenden Bräutigam jetzt wohl überhaupt noch interessieren würde, wäre sicher ein umfangreiches Abendessen und ein paar Flaschen warmes Bier.

Mitleidige Bräute haben nun manchmal ein Einsehen und vereinbaren einfach einen neuen Termin. Ohne Bräutigam. Andere junge Damen zeigen weniger Mitgefühl, stattdessen bereits jetzt die kaum noch kaschierte gnadenlose Härte, mit der sie die gemeinsame eheliche Zukunft zu bestimmen gedenken. Doch mir scheint, die meisten der jungen Männer haben sich bereits vorher in ihr Schicksal gefügt, das sich definiert aus Heirat, Kind, Eigentumswohnung, Auto, Shopping.

Der Wunsch, gesellschaftlich zu funktionierenden, sich anzupassen, integrierter Teil einer Gruppe, eines Sozialkörpers zu sein, ist größer und wiegt schwerer als jede eventuelle und individuelle Regung zum Ausbrechen aus den umzäunten sozialen Räumen.

Nach tagelangen Vorbereitungsgesprächen kommt er dann, der große Tag. Es wird endlich fotografiert. Die begehrten Locations sind oft belagert von Paaren, deren einziger Wunsch es ist, jetzt endlich fotografiert zu werden. Wartezeiten sind dabei ebenso unvermeidlich wie Streitereien zwischen den wartenden Paaren. Seltsamerweise meistens zwischen den Bräuten, die sich in diesem Fall verbal wirklich nichts schenken.

Die vollkommen indolent wirkenden Fotografierteams ignorieren einander, soweit es geht, und machen routiniert immer die gleichen Bilder. Später, im Studio, werden die Fotos dann noch mit rosaroten oder himmelblauen Hintergründen aufgehübscht und die Gesichter nachkoloriert. Das schönste Portrait des Paares wird vergrößert und hängt dann später im Schlafzimmer über dem Bett, in dem, nach der unabwendbaren Geburt des Kindleins, über kurz oder lang sowieso nicht mehr viel passiert. Da ist es immer schön, sich nochmal ein Bild aus den guten alten Zeiten anzusehen.

Ich selber habe ja doch etwas andere Vorstellungen darüber, was über meinem Bett hängen sollte. Dass fiel mir ganz besonders in dem Moment ein, als die Gäste des opulenten Familienessens am Sonntagmittag langsam gegangen waren und die Eltern meiner Freundin Summer ihr Hochzeitsfotoalbum herausholten. Sie hatten in den Zeiten der sogenannten Kulturrevolution geheiratet. Damals waren solcherart opulente Hochzeitsfotos natürlich verboten gewesen. Wie viele Ehepaare, die in dieser schrecklichen Zeit geheiratet hatten, holten sie die damals vermisste Fotosession im letzten Jahr einfach nach. Und sie hatten garantiert viel Spaß dabei.

Gemütlich saßen wir also am Tisch und bewunderten die natürlich nun schon etwas ältere Braut im rüschig-weißen Hochzeitskleid und den ziemlich verwegen gekleideten Ehemann. Er trug einen roten Frack. Also, ich würde mich das nicht trauen.

Natürlich sollte auch ich sagen, welche Motive ich denn am liebsten hätte und ob ich lieber bunt oder im dunklen Anzug heiraten möchte. Die Mutter erkundigte sich so nebenbei nach meinen Ansichten über Wohnungseigentum und ob ich als Ausländer denn auch in China eine Wohnung kaufen könne. (Für alle, die das grundsätzlich interessiert: es geht.) Der Vater war äußerst interessiert an meiner Meinung über diverse Automarken, natürlich besonders über die in China allseits beliebten deutschen Fabrikate. Die haben hierzulande wirklich den höchsten Stellenwert von allen Autos auf der ganzen Welt. Auch das erzählte er mir mit hoher Begeisterung. Ich muss zugeben, es ist relativ einfach, mich zum Erzählen zu bringen. Das geht wie bei einer Musikbox. Man wirft oben etwas rein. In meinem Fall reicht ein bisschen Bier. Noch besser funktioniert es natürlich mit einer Flasche Wein. Dann drückt man wahlweise auf ein paar Gesprächsknöpfe und ich rede drauf los. Meine Exfrau behauptete, ich finge dann recht schnell an zu faseln. Da war die Scheidung ja abzusehen. Dass ich geschieden bin, wurde auch recht schnell aus mir herausgekitzelt und nicht weiter kommentiert. Geschieden werden ist ja auch nicht schlimm. Die Scheidungsquote in China ist sehr hoch. Macht ja auch nichts. Die Hauptsache ist ja, dass man vor der Scheidung immerhin verheiratet war. Und darauf kommt es vor allem an.

Ich wurde ob solcher sehr persönlichen Fragen im Grunde nicht wirklich stutzig. Gerade Ausländern gegenüber sind viele Chinesen von einer teilweise mehr als frappanten Offenheit im Fragen.

Wie viel verdienst du? Wie viel wiegst du? Wie viele Wohnungen hast du in Deutschland? Bist du reich?

Das alles sind Fragen, die einem oft schon der Taxifahrer stellt. Die meisten sind auch sonst ziemlich schmerzfrei und sagen einem auch schnell mal sehr direkt, dass man viel zu fett sei oder alt und hässlich aussehen würde. Gut, wenn man mir das sagt, hat das eine gewisse Logik.

Aber manche westliche Frau hätte sich beim Taxifahren sicher schon mal gewünscht, sie verstünde vielleicht doch nicht ganz so gut Chinesisch.

Immer noch mehr oder weniger recht vergnügt überstand ich die nachfolgenden Mahlzeiten im Kreise der Familie, die beim Abschiedsessen natürlich von einigen Flaschen chinesischen Schnapses (báijiǔ) begleitet wurden. Ich erzählte vieles über Deutschland und hörte im Gegenzug einiges über China. Der Abschieds-báijiǔ dröhnte noch in meinem Kopf, der Taxifahrer sagte mir, ich sähe ziemlich krank aus und dann waren wir auch schon auf dem Busbahnhof und stiegen in den bereits wartenden Bus nach Shanghai. Busse sind, ich habe es bereits erwähnt, eines der zentralen und wichtigsten Verkehrsmittel in China. Sie verbinden vor allem die kleineren und mittleren

Städte untereinander und mit den Zentren und Metropolen. Auf der Rückfahrt nach Shanghai wurde mir dann eröffnet, dass meine zukünftigen Schwiegereltern mich sehr sympathisch fänden, wenn auch vielleicht etwas zu alt. In China gibt es in diesem Zusammenhang den leicht zynisch wirkenden Merksatz für die zukünftige Gattin: »Es macht gar nichts, wenn dein zukünftiger Ehemann alt und dick ist. Dann kann er dir nicht so schnell weglaufen«. Immerhin, wenigstens bin ich nicht zu hässlich, dachte ich bei mir. Dabei war der Vater meiner Freundin noch nicht mal Taxifahrer, sondern Kleinunternehmer mit einem florierenden Geschäft für Trockenobst und Gemüse. Generell wollte ich dann von Summer doch gern wissen, wieso es auf einmal ums Heiraten ginge. Schließlich hätte ich ja noch nicht mal sie selber gefragt. Naja, das sei ja auch eigentlich nicht mehr notwendig, war die Antwort. Schließlich seien wir ja gemeinsam bei ihren Eltern gewesen. Das sei praktisch dasselbe wie eine Frage – respektive im Grunde noch bedeutsamer als eine solche. Nachdem nun auch die Eltern sozusagen zugesagt hätten, was in China von hoher Bedeutung ist, denn ohne elterlichen Segen wird hierzulande sehr selten geheiratet, wäre das ja nun auch alles prima und klar mit uns beiden und sie fände es natürlich auch ganz toll. Ihr Herzenswunsch, endlich auch zu heiraten, würde ja nun in Erfüllung gehen.

Da war ich doch etwas verblüfft. Und dachte so ganz im Stillen bei mir, ich hätte beim interkulturellen Seminar wohl doch etwas besser aufpassen sollen. Es war übrigens ganz außergewöhnlich schwierig, mich aus dieser Situation wieder herauszureden.

So richtig ist es mir leider auch nicht gelungen. Durch meinen Besuch in ihrer Heimatstadt hatte ich Summer und ihrer Familie meine ernsten Heiratsabsichten bestätigt und dadurch auch allen viel Gesicht gegeben. Weil es dann doch nichts wurde mit der Hochzeit, waren Enttäuschung und Gesichtsverlust zu groß. Wir trennten uns nach einigen Monaten eines stets virulenten und immer wieder aufflackernden Konflikts über das Heiraten und die Frage, ob mein Besuch eine Verpflichtungserklärung gewesen sei oder nicht.

Auf Basis dieser persönlichen Erfahrungen biete ich zur Lösung solcher Fragen natürlich gern Individualseminare auf Erfolgshonorarbasis an.

Sollte es nicht klappen, möchte ich dann bitte wenigstens zur Hochzeit eingeladen werden.

Käse verschleimt den Körper und andere wichtige Erkenntnisse über Lebensmittel und Essen in China

Käse verschleimt den Körper. Davon ist in China praktisch jeder überzeugt. Wenn also auf einer Party einer meiner chinesischen Gäste mutig ein Stückchen Käse vom Buffet nimmt und es dann auch noch mutig in den Mund steckt, es kaut und es dann sogar auch noch runterschluckt, dann ist das ein echter Beweis von Freundschaft und Vertrauen.

Meiner Beobachtung nach sind Chinesen schon mal grundsätzlich eher konservativ in ihrem Denken und in ihren Verhaltensweisen und Wünschen. Neues gefällt ihnen eigentlich erst, wenn es schon alt ist.

Gerade beim Essen mischt sich diese konservative Grundhaltung noch mit der tradierten Vorstellung, dass Ernährung an sich bereits eine spezielle Art der Medizin ist. Das ist ja im Grunde teilweise durchaus ganz vernünftig und oft auch nachvollziehbar.

Essen und Trinken interessiert mich ganz besonders. Auch koche ich recht gern und möglichst viel. Das muss mit meiner Kindheit auf dem niedersächsischen Bauernhof zusammenhängen. Meine Mutter, von der ich in der Küche vieles abgeschaut haben, kochte immer für eine Tischbesatzung von acht oder zehn Personen, und natürlich die klassische Fleisch-Gemüse-Kartoffeln- und Sauce-Küche.

Irgendwann bin ich dann ja aus Niedersachen geflohen und in China gelandet und gern geblieben. Wie in vielen anderen Bereichen auch, habe ich beim Essen erst hier gemerkt, wie zutiefst deutsch ich doch eigentlich bin. Es war ein sehr seltsames Gefühl, das ausgerechnet in China zu entdecken. In Peking habe ich, anfangs auf Wunsch schon jahrzehntelang in China wohnender deutscher Freunde, wieder angefangen, für mich inzwischen so außergewöhnlich gewordene Gerichte wie Königsberger Klopse, Falscher Hase, Szegediner Gulasch oder Rouladen mit Rotkraut zu kochen. Nach anfänglicher Skepsis hat so viel kulinarische Exotik übrigens auch meine chinesischen Freunde begeistert. Allerdings sagte mir einmal ein chinesischer Gast, dass in ihrer Küche mit der Menge Fleisch, die ich für das heutige Menu aufgetischt hätte, ihre Familie die gesamte Woche auskommen würde. Es gab damals übrigens Schweinebraten auf bayerische Art.

Natürlich war und bin ich sehr interessiert an den Grundlagen der chinesischen Küche. Einmal verbrachte ich einen anregenden Nachmittag mit einer chinesischen Bekannten, die mich über das Fünf-Elemente-System aufklärte, dem in China die Lebensmittel zugeordnet werden. Lebensmittel gehören in diesem TCM-System (TCM steht für Traditionelle Chinesische Medizin) also entweder zu »Erde«, wie zum Beispiel Karotten, Schokolade oder gekochte Zwiebeln. Rohe Zwiebeln? Die gehören woanders hin! Dem Element »Metall« sind viele Gewürze und der frische Ingwer zugeordnet. Zu »Wasser« gehören zum Beispiel Salz, Bohnen und Algen. »Holz« ist Zitrone und frische Petersilie. Zu »Feuer« rechnet man unter anderem Paprika. Weitergehend sind es bestimmte Lebensmittel, die gut mit bestimmten Organen korrespondieren.

Wer sich in China also über das Essen unterhält, spricht nicht nur über Genuss und Geschmack, sondern auch über Gesundheit und Glück. Man redet von feststehenden Glaubenswahrheiten, die unter anderem besagen, dass Käse halt nun mal den Körper verschleimt, Rotwein dagegen Blutstauungen beseitigt und dazu noch schöne Haut macht.

Das mit dem Käse hat mich natürlich anfangs etwas erschüttert. Ich wurde dann aber doch durch die Wunderwirkungen des Rotweins getröstet. Grüne Peperoni sind übrigens gut gegen Leberbeschwerden. Pilze wiederum sind krebsvorbeugend und Walnüsse gut für den Haarwuchs (Ach, hätte ich das bloß früher gewusst!).

Natürlich sollte noch erwähnt werden, dass gestocktes Entenblut gut und wichtig ist für die Reinheit des eigenen Blutes. Und wenn ich mal Fieber habe: Hundefleisch kühlt und senkt das Fieber wirklich zuverlässig. Das gibt es ja hier auf dem Markt beim Hundemetzger, in Deutschland ist das aber wohl eher schwierig im Einkauf?

Bier ist übrigens gut für die Haut. Vor allem und besonders natürlich, wenn man es trinkt. Das wird sicher viele, vor allem vielleicht männliche Leser erfreuen, die jetzt darauf hinweisen können, dass sie heute Abend vor dem Fernseher schnell noch ein wenig klassische Hautpflege betreiben möchten. Und wenn man sich überdies ein paar grüne Peperoni zum Bier genehmigt, ist die Haut zufrieden und der Leber kann auch nichts mehr passieren. Nur nebenbei: Schlange, Skorpion, Ratte und vor allem Ochsenfroschgebärmutter (die ist gut bei Schwangerschaften) haben natürlich ebenfalls ihre tiefgründig kulinarisch-medizinische Bedeutung. Und ehe ich es vergesse: Die Yamwurzel hilft der Milz, ihre schweren Aufgaben zu bewältigen.

Ich bitte um Nachsicht, wenn ich das Thema TCM und Ying und Yang usw. nun nicht weiträumiger beleuchte, doch ich habe eher einen Hang zum Oberflächlichen. In den Gewässern des tieferen Wissens fühle ich mich den Erkenntnissen oft nicht ausreichend gewachsen. Auch bin ich wohl eher ein Skeptiker. Vor allem gegenüber mir stolz verkündeten Wahrheiten. Je wahrer sie daherparadieren, desto mehr changieren sie für mich ins Skurrile.

Oft ist es halt doch nur ungeprüftes Nachplappern jahrhundertealter (Aber-)Glaubenslehren, deren auch nur ansatzweises Anzweifeln dann allerdings höchste Missbilligung hervorruft. Wie beispielsweise Zweifel an der inneren Wirksamkeit, im Grunde fast schon der Weisheit von Lebensmitteln.

Meiner Beobachtung nach gehört China global zu den erfolgreichsten Nationen bei der Implementierung von fantastischen Behauptungen über das eigene Land. So geht es auch mit der chinesischen Küche, die natürlich nach Meinung praktisch aller Chinesen die beste und gesündeste auf der Welt ist. Allerdings hat ja kaum einer dieser sympathischen Kulinarik-Chauvies jemals über seinen Tellerrand hinaus irgendetwas außerhalb des chinesischen Küchenuniversums gekostet. Die meisten hätten es sicherlich auch schnell wieder neben ihren Teller gespuckt .

Wunderschön benannt sind die Gerichte natürlich schon mal – so wie »Der Mönch, der über acht Mauern springt«, ein vegetarisches Gericht, bestehend auch acht verschiedenen Gemüsesorten. Ganz wunderbar. »Der Kampf zwischen Tiger und Drache« wiederum ist vielleicht für westliche Gaumen eher gewöhnungsbedürftig, handelt es sich doch um eine Art Ragout von Schlangen- und Katzenfleisch. »Buddhas Fastenspeise« scheint mir wieder ganz o.k. zu sein – sie wird unter anderem mit Pilzen, Ingwer und Reiswein zubereitet.

Wenn ich in China essen gehe, begleiten mich natürlich die Kommentare meiner Kollegen, beispielsweise über meine seltsame Angewohnheit, mein Bier am liebsten kalt zu trinken. Kaltes Bier gilt in China als schwer ungesund und so wird es auch selten gekühlt serviert. Abgesehen davon, dass gerade in ländlichen Gebieten kaum ein Restaurant überhaupt einen Kühlschrank hat. Aber ich bin ja Ausländer und habe eine Art Exotenbonus und darf mein Bier deshalb auch auf ungesunde Weise genießen. Dazu kommt noch die klassische chinesische Gewohnheit, das Bier für den gesamten Abend und die ganze Gästerunde möglichst gleich am Anfang zu bestellen. Da stehen dann ein gutes Dutzend möglicherweise kalte Bierflaschen und werden langsam warm, während ich traurig vor mich hinblicke. Es gelingt mir aber selten, die Runde davon zu überzeugen, das Bier lieber nach Bedarf zu bestellen. Ich glaube, der Anblick der vielen Flaschen und der damit verbundenen Genüsse, die man noch vor sich hat, üben einen unwiderstehlichen Reiz auf den chinesischen Gast aus.

Ganz besonders traurig wird mein deutsches Biertrinkerherz allerdings, wenn wir uns in Lokalen treffen, in denen frisch gezapftes Bier ausgeschenkt wird. Da bestellen dann meine chinesischen Freunde gleich ein ganzes Tablett mit Gezapftem, den sogenannten Meter. Da stehen dann die schönen Biere mit den verlockenden schaumigen Blumen ungetrunken auf dem Tisch. Die Blumen verwelken, die Biere werden schal und warm. Meinen Chinesen macht das nichts aus. Begeistert trinken sie ein warmes und schales Bierchen nach dem anderen. Und wundern sich, warum ich so traurig vor mich hinschaue. Der klassische chinesische Restaurantbesucher bringt natürlich neben seiner Vorliebe für warmes Bier, gerne übrigens für auch abgestandene Cola, noch sein Smartphone und seine Zigaretten mit ins Lokal. Vor dem Essen, während des Essens und nach dem Essen raucht er dann pausenlos und telefoniert und googelt und mailt und chattet. Dabei trinkt er möglichst viel warmen báijiŭ (Schnaps) und warmes píjiŭ (Bier) in sich hinein.

Ich habe im Lauf der Zeit gelernt, den begeistert vorgetragenen Ansichten meiner Kollegen über das tolle Essen in

China auch manchmal vorsichtig zu widersprechen. Es war nicht einfach. Und schwer fällt mir das immer noch, denn das Essen in diesem Land kann wirklich ganz wunderbar sein. Aber es ist ja nicht nur die Frage, wie gekocht wird, sondern wichtig ist ja auch, *was* gekocht wird.

Das Lieblingsfleisch der Chinesen ist nicht etwa vom Hund oder anderen bei uns ähnlich tabuisierten Tieren, sondern vom Schwein. Millionen von Schweinen werden in China täglich verzehrt. Viele davon wurden vor dem Schlachten lebend mit Wasser aufgespritzt, um mehr Volumen zu produzieren. Eine Tätigkeit, die in vielen Provinzen des Landes übrigens bereits als anerkannter Ausbildungsberuf bewertet wird. Das Fleisch dieser Schweine enthält zudem oft noch Blei und Zink. Hühner und Enten werden fast ausschließlich unter Anwendung von Antibiotika produziert. Fische und Krabben werden mittlerweile in Pharmaseen gezüchtet. Man arbeitet inzwischen mit Hochdruck an verfeinerten Methoden, den noch verbliebenen Frischwasseranteil zu testen. Gurken haben bemerkenswerte Mengen von DDT in der Schale.

Das ist ja auch alles kein Wunder, denn China ist unter anderem auch noch der weltweit größte Produzent und natürlich auch Verbraucher von Pestiziden. Der jährliche Verbrauch dieses mit steigender Begeisterung auf allen Agrarflächen verteilten Teufelszeugs liegt bei 1,3 Millionen Tonnen, das ist das Zweieinhalbfache des weltweiten Durchschnitts.

Tendenz steigend. Eine gewisse Vorsicht ist also beim chinesischen Essen oder besser formuliert – beim Essen in China durchaus angebracht. Was ich auch nicht wusste: Milch wird in China immer beliebter, vor allem für die kindliche Ernährung. Große Werbekampagnen werden für den täglichen Milchtrunk gefahren. Der Milchverbrauch steigt rasant. Da muss halt manchmal ein bisschen gestreckt werden. Leider benutzt man dann versehentlich auch mal Melamin, ein preiswertes Industrieklebemittel. Den Reis tränkt man auch gern mal zur Konservierung mit chemischen Abwässern. Davon hat man ja überall genug. Von den Abwässern meine ich.

Auf einem Dokumentarfilmfestival habe ich einmal einen Film über Fischfang in Chinas Gewässern gesehen. Meere und Seen sind mit Dioxinen, Furanen, giftigen Schwermetallen und Abwässern aller Art verseucht. Oh, was waren das doch für schöne Zeiten, als ich noch rein gar nichts von all dem Unrat im Meer wusste, Furane für eine Art Raubfisch gehalten habe und Dioxine möglicherweise für eine verführerische Nymphe an Kretas Stränden! Aber das geht ja jetzt leider nicht mehr. Ich muss mit dem Wissen leben, dass in den Wellen des Golfs von Bohai und im Gelben Meer nicht nur Raubfische und schon mal gar keine Nymphen schwimmen, die dort gemeinsam Papageienfische und Hummer jagen.

Trotz alledem gehe ich weiterhin und gern mit Freunden und Kollegen zum Essen. Wenn auch die Atmosphäre in den allermeisten Restaurants doch ein wenig zu wünschen übrig lässt. Da ist nix mit leiser Musik, zurückhaltend freundlichem Service oder gedämpfter Unterhaltung an den Nachbartischen. Das Einzige, was da möglicherweise gedämpft ist, sind die gefüllten Teigtaschen (jiǎozi). In China tunkt man diese teigigen Köstlichkeiten am liebsten in Essig. Ich selber ziehe Sojasauce mit ein wenig Chilischärfe vor. Bestrahlt werden wir allerdings von gnadenlos heller Neonbeleuchtung, untermalt von phonstarker Beschallung mit Shanghai-Pop oder anderen akustischen Grausamkeiten – und natürlich unterhalten von Nachrichten und Sport, verstrahlt aus den diversen Fernsehmonitoren, denen es gelingt, Bild und Lärm ideal miteinander kombinieren.

Ja, es ist einfach wunderbar, in China essen zu gehen.

Ein paar Anmerkungen zur chinesischen »Gelassenheit« und wie man sie nicht nur im Straßenverkehr überlebt

Alle Fahrräder in China fahren ohne Licht. Das fand ich anfangs sehr verwunderlich und natürlich extrem verkehrsgefährdend. Bis mir auffiel, dass chinesische Fahrräder ja gar keine Lichtanlagen haben. Einem chinesischen Radfahrer bleibt also gar nichts anderes übrig, als lichtlos durchs Dunkel zu gondeln. Außerdem: In China werden Radfahrer, die mit Licht fahren, von der Polizei angehalten und verwarnt. Wegen Verkehrsgefährdung. Das passiert natürlich nur Ausländern wie mir, die mit ihren importierten Rädern unbedingt die Verkehrsvorschriften ihrer Heimatländer beachten wollen.

Statt der Beleuchtung nutzt der chinesische Radfahrer im nächtlichen Überlebenskampf auf der Straße dann eben die Klingel. Gewarnt durch wildes Klingeln, rettet sich der gefährdete Fußgänger dann vom Gehweg mit einem Sprung auf die Straße, natürlich vor das nächste heranbrausende Auto. Der Autofahrer hört das Klingeln des aus dem Dunkeln hervorschießenden Rostgestells naturgemäß nicht, da er gerade damit beschäftigt ist, denselben Fußgänger durch wildes Hupen wieder dorthin zurückzutreiben, wo bereits die nächsten Räder laut klingelnd aus der Nacht tosen.

Solche und ähnliche Situationen tagtäglich respektive nächtlich, erlebt, treiben mich, trotz einiger Routine immer mal wieder in den Wahnsinn.

Wie anders, wie gelassen reagieren doch, nicht nur in diesen nächtlichen Gefahrensituationen, die autochthonen Bewohner Chinas? Sind sie unserem Erdball möglicherweise nur formal angehörig? Ist es tatsächlich extraterrestrische Abgeklärtheit? Ist es die Ruhe des Universums? Die Praxis einer anderen Galaxis?

Meiner Beobachtung nach ist es tatsächlich vollkommen egal, ob es sich um einen nächtlichen Radfahrer oder Fußgänger handelt oder um denselben Bürger tagsüber als Radfahrer oder Fußgänger. Mit derselben Gelassenheit würde er einfach über die Straße gehen, vielleicht dabei noch eine SMS schreiben, intimste Details aus seinem Leben in sein Smartphone schreien, ohne sich um irgendeines der heranrauschenden Autos zu kümmern. Ebenso ruhig würde er an den sinnlos auf den Asphalt gepinselten Zebrastreifen warten, wo nie ein Fahrzeug für einen Fußgänger anhält, sondern alle Kraftfahrzeuge gewohnheitsmäßig wild hupend vor und hinter und mitten durch die Fußgänger brettern und wo riesige Busse mit wildem Getöse und Lautsprechergekreisch brutal durch die Menschenmengen rollen. Und natürlich würde unser chinesischer Bürger auch da noch den Eindruck vermitteln, er fühle sich gerade jetzt, mitten im brüllenden Gebrause, geradezu geborgen, auch mitten auf einer sechsspurigen Fahrbahn stehend, während körpernah die Autos, Lastwagen, Busse vorbeidonnern, dies natürlich, ohne auch nur im Geringsten ihre Geschwindigkeit zu drosseln.

Als Autofahrer würde unser Bürger umgekehrt natürlich sofort wild hupend losbrausen, ohne nach rechts oder links oder gar nach hinten zu sehen, und natürlich, höchst selbst den Fußgänger jagen und den Radler natürlich auch.

Aber nicht nur im Straßenverkehr beobachte ich diese geradezu außerirdische Gelassenheit.

Auch der Handwerker, der immer mal wieder in meiner Wohnung herumbastelt, repariert meine elektrischen Leitungen natürlich bei voller Stromzufuhr und prüft die Spannung am liebsten mit seinem Zeigefinger. Ganz besonders spannend: Vor der Funktionsprüfung meines Gasherds steckt er sich schnell noch eine Zigarette an.

Ich stecke dann schon mal meinen Pass und mein Bargeld ein, verbarrikadiere mich im abgelegensten Raum der Wohnung und bereite mich auf die unmittelbar bevorstehende Verpuffung vor. Erstaunlicherweise ist bis jetzt aber noch nie etwas verpufft, nur mein Handwerker wundert sich immer wieder, wie zickig ich mich wegen so ein bisschen Gas anstelle.

Vor einiger Zeit war meine Klimaanlage kaputt. Sie war so voller Pekinger Staub und Dreck, dass sie nur noch asthmatisch keuchen konnte. Der Pekinger Sommer heizt die Stadt regelmäßig mit Temperaturen von fünfunddreißig und mehr Hitzegraden auf. Ohne die funktionierende Klimaanlage geht da leider gar nichts. Natürlich habe ich ein schlechtes Gewissen wegen dieser energieintensiven Kühlungsmethode. Alternativ könnte ich leicht apathisch auf herbstlich-kühlere Temperaturen warten. Oder natürlich zum Abkühlen in die nächstliegende Hotellobby gehen. Dort herrschen meist erfrischend kühle Gefrierschranktemperaturen. Das macht Hotelhallen besonders im Sommer zu beliebten Treffpunkten für Meetings und Konferenzen. Allerdings ist es im Winter ähnlich. Aus gegenteiligen Gründen.

In China wird nämlich in Wohnungen und Büros nicht geheizt, wenn es kalt ist, sondern erst, wenn die Heizperiode angefangen hat. Also am 15. November. Vorher kann es so kalt sein wie es will, da wärmt sich kein Heizkörper, geschweige denn die Wohnung an.

Mitte April ist es mit dem Heizen dann offiziell auch schon wieder vorbei. In den meisten chinesischen Wohnungen und natürlich auch in den Büros herrscht außerdem auch während der Heizperiode ziemliche Kälte, weil die Durchschnittstemperatur eher bei siebzehn oder achtzehn Grad liegt. In den kochend heißen Sommern sehe ich in den Hotels immer auch hitzegeplagte Chinesen, die sich auf den mehr oder weniger bequemen Sofas in der Hotelhalle ein Schläfchen gönnen, zu dem sie wegen der höllischen Temperaturen in ihren klimaanlagenlosen Wohnungen in der Nacht nicht kommen.

Angenehm ist es natürlich schon, aus der brüllenden Hitze der Megacity ins Kühle zu kommen. Als erfahrener Hotelhallenbesucher bringe ich inzwischen für diese sommerlichen Lobbyaufenthalte aber auch immer einen warmen Shetlandpullover oder wenigsten mein Sakko mit, denn mehr als die allseits üblichen siebzehn oder achtzehn Grad herrschen dort meist nicht. Auch Konferenzräume sind meist derart heruntergekühlt, dass ich nach wenigen Minuten anfange zu zittern und mir einen heißen Grog wünsche. In vielen Taxen erleide ich ebenfalls Kälteschocks und muss Temperaturstürze von dreißig Grad und mehr überleben.

Aber – so sehr ich es schätze, unter Menschen zu sein – ich möchte ja eigentlich meinen Sommer nicht unbedingt in tiefgekühlten Hotels zwischen schlafenden Chinesen, arktischen Shoppingcentern oder in eiskalten Taxen verbringen, wo einem die Finger beim Aussteigen am Türgriff festfrieren.

Was also tun? Ich sage also JA zu meinem schlechten Gewissen, rufe meine Hausverwaltung an, damit sie mir wieder mal meinen rauchenden Lieblingshandwerker schickt, die Klimaanlage zu reparieren. Anfangs war ich überrascht, wie schnell so ein Handwerker kommt. Obwohl ich nur in einer eher kleinen Wohnanlage wohne, in China landläufig auch Compound genannt, mit Gebäuden, die lediglich acht Stockwerke hoch sind, und in der schätzungsweise nur um die tausend Menschen leben, dauert es meistens nur einige wenige Minuten und schon wird drauflosrepariert. Inzwischen weiß ich warum. Praktisch alle Hausverwaltungen haben einen Pool von festangestelltem Servicepersonal, das von Putzkräften bis zu Elektrikern und Tischlern und natürlich einer Menge Leuten im Management-büro reicht, die das alles organisieren. Oder die in jedem Fall so tun.

Arbeitskräfte sind immer noch billig in China und so kann man praktisch alle Serviceleistungen innerhalb des Com-pounds anbieten. Das hat natürlich auch den Vorteil, dass sich die Servicekräfte besonders gut mit der Haustechnik des Ge-bäudekomplexes auskennen respektive auskennen sollten. So hatte ich mir das chinesische Hausverwaltungsprinizip jeden-falls in meiner Naivität ausgemalt.

Doch das war damals, am Anfang meiner abenteuerlichen Reisen durch die multiplen Erlebniswelten, aus denen sich Chi-na zusammensetzt – oder in die es möglicherweise auch zerfällt – und von deren Existenz ich natürlich bei der Ankunft im Reich der Mitte noch keine Ahnung hatte. Mit der Erlebniswelt »Hand-werk und Reparaturen« wurde ich dann nach Bezug der ersten Wohnung in Peking allerdings schon recht schnell vertraut. An-fangs war ich schwer begeistert, wie schnell so ein Handwerker-duo vor der Wohnungstür auftaucht. Meist kommen die Helfer nämlich mindestens zu zweit. Ob das daran liegt, dass Chinesen generell sehr ungern ganz allein irgendwo sind oder ob es rein fachlich-technische Gründe hat oder ob möglicherweise sonst ein Frustrationsgefühl bei den Mitarbeitern aufkommen würde, die gezwungen wären, alleingelassen im Personalraum herum-zusitzen, das konnte ich noch nicht abschließend eruieren.

Auf jeden Fall bietet der Auftritt im Duett immer dem ei-nem die Chance, dem anderen bei der Arbeit zuzuschauen, dabei natürlich jede Menge Zigaretten zu rauchen und selbst-verständlich für das verbale Entertainment des arbeitenden Kollegen zu sorgen.

Noch wohler fühlt man sich, meiner empirisch abgesicherten Handwerker-Beobachtung nach, in Dreier- oder Vierergruppen. Das setzt ein erstaunlich rhythmisch-dynamisches Gruppenverhalten frei. Natürlich bilden auch hier die Standardsituationen die Grundlage, auf der die gruppendynamischen Variationen angelegt sind. Der Klassiker ist hier wie überall: Einer arbeitet, die anderen schauen zu und diskutieren, oft auch rauchend. Die Reihenfolge wechselt dabei. Manchmal arbeitet man auch zu zweit und die Restgruppe schaut zu. Seltener schon arbeitet man zu dritt und nur einer schaut zu. Ganz selten arbeiten alle gemeinsam.

Mir scheint, da fehlt dann einfach jemand, der zuschaut. Das schafft Unbehagen. Dieses Gefühl des Mangels und des Unbehagens ist oft so intensiv, dass spätestens nach einigen Minuten einer aus der Arbeitsgruppe wieder den Beobachterstatus einnimmt. Falls das aus irgendwelchen technisch-pragmatischen Gründen nun gar nicht geht, versucht ein Mitglied der Truppe durch intensives Telefonieren wenigstens virtuell einen Beobachter mit einzubeziehen, um die psychologisch ungünstige Arbeitssituation wieder in den Griff zu bekommen.

Mein Handwerker kam tatsächlich allein. Ein deutliches Zeichen, dass wohl auch andere Bewohner Probleme mit ihren überforderten Klimaanlagen hatten. Er hörte sich erst mal das Geächze der überforderten Maschine an und stieg dann – meine Wohnung ist im achten Stock – seelenruhig und gelassen auf den drei Zentimeter breiten Fenstersims – auf Socken natürlich – kniet sich hin, nimmt seinen rostigen Schraubenzieher aus dem Blaumann und repariert drauf los.

Nach wenigen Sekunden klingelt sein Mobile Phone. Das Gespräch muss er natürlich annehmen. Immerhin hat er noch eine Hand frei für den Schraubenzieher, da er klugerweise kurzfristig das Rauchen eingestellt hat. Ich halte den Atem an und hoffe, dass er erst runterfällt, wenn die Reparatur erfolgreich erledigt ist. Aber er fällt natürlich nicht, sondern klettert freundlich grinsend wieder retour. Und steckt sich eine Zigarette an.

Ja, das ist wahre Coolness und Gelassenheit. Und so bewegt sich mein Handwerker, genau wie jeder andere Chinese, geleitet wie von einer höheren Macht, durch den chaotischen, unübersichtlichen Alltag, der wohl anders auch gar nicht zu bewältigen wäre.

Oh, ich wollte, ich könnte das auch. Und genauso selbstverständlich.

Eine chinesische Hochzeit mit vielen Gästen und mit noch mehr Geld

Eine chinesische Hochzeit ist für mich immer wie ein bunter Wirbelsturm. Ein Taifun von Gästen, Kostümen, Frisuren, Gesprächen, Lachen, Musik, Farben, Gefühlen, Essen, Trinken. Alles wirbelt wild durcheinander. Weil man sich gegen Taifune nicht wehren kann, lasse ich mich hineinziehen und habe Spaß dabei. Aber ich bin tatsächlich auch immer wieder froh, wenn ich, leicht zerzaust, dieses Naturereignis überstanden habe.

Das Wichtigste bei einer chinesischen Hochzeit, neben dem Brautpaar selbstverständlich, sind die Gäste. Es müssen möglichst immer viele Gäste sein auf so einer Hochzeit. Noch besser sind natürlich *sehr viele* Gäste und am besten sind *noch mehr* Gäste. Ich habe das Gefühl, dass Hochzeitspaare es irgendwie als degradierend empfänden, wenn zu ihrer kleinen, intimen Feier möglicherweise weniger als hundert Gäste kommen. Das scheint mir so eine Art Mindestteilnehmerzahl zu sein. Ich war auch schon auf Hochzeiten von Arbeitskollegen und Freunden mit achthundert und mehr Gästen.

Hochzeitsfeiern in China finden übrigens ganz überwiegend am Sonntagmittag statt und enden am späteren Nachmittag. Partys bis in die späte Nacht gibt es bei einem traditionellen Hochzeitsfest nicht. Gefeiert wird praktisch immer in einem Restaurant oder im Ballsaal eines Hotels. Die Restaurants in China haben neben ihren, sozusagen öffentlichen Gasträumen, alle eine Vielzahl von Nebenzimmern unterschiedlichster Größen. Oft mit Sitzecken, Fernsehen, Musik- und Karaoke-Anlagen ausgestattet. Hier sitzt man wesentlich lieber als im lauten öffentlichen Restaurant, denn hier kann man schließlich ungestört seinen eigenen Krach produzieren. Wer seine Gäste ehren will, der bucht also ein Nebenzimmer.

Anfangs war ich natürlich sehr beeindruckt und auch etwas erschreckt von der schieren Zahl der Gäste. Ich dachte still bei mir: Was das wohl alles kostet? Und wer bezahlt das denn bloß? Ein gut informierter chinesischer Arbeitskollege erklärte mir dann aber einmal die, sozusagen betriebswirtschaftlichen, Prinzipien einer profitablen Hochzeitsfeier.

Dazu sollte man wissen: Die Grundlage jeder soliden Hochzeitsfeier ist Bargeld. Das gilt übrigens auch für die meisten anderen Lebensbereiche, denn China ist immer noch ein Bargeldland. Bargeld ist naturgemäß also auch das bevorzugteste Hochzeitsgeschenk. Die Summe, die man schenkt, sollte ungefähr dem eigenen sozialen Status entsprechen, aber natürlich auch den sozialen Status des Brautpaares berücksichtigen.

Zu wenig geht dabei auf gar keinen Fall. Zu viel schon.

Geld als Geschenk muss auch immer in einem Umschlag übergeben werden. Auf kleineren Hochzeiten überreicht man es dem Brautpaar oder dem zuständigen Verwandten direkt.

Ich war einmal mit meinem mongolischen Arbeitskollegen in der Inneren Mongolei zu einer Hochzeit mit wohl mindestens achthundert Gästen eingeladen. Das Fest fand übrigens nicht in einer mongolischen Jurte statt, sondern in einem der großen Hotels der Hauptstadt Hohhot. Da stand am Eingang des Ballsaales ein langer Tisch, an dem saßen drei Buchhalterinnen. Wir reihten uns in die Gästeschlange ein. Eine der geradezu klassisch wie eine Buchhalterin aussehenden Frauen nahm mir mit unbewegter Miene meinen Umschlag ab, schüttelte routiniert das Geld heraus und steckte es in die Geldzählmaschine, die praktischerweise vor ihr stand. Es ratterte kurz, ihrem Blick nach zu urteilen möglicherweise zu kurz, sie trug meinen chinesischen Namen und die Summe, es waren umgerechnet circa achtzig Euro, also das Durchschnittsgehalt eines Pekinger Busfahrers, in eine Liste ein und packte das Geld in eine schon ziemlich volle Box.

Dann durfte ich eintreten.

Andere Geschenke, wie Vasen, Geschirr oder Ähnliches, waren nicht zu sehen.

Jetzt war für meinen Kollegen die Gelegenheit gekommen, mich in die kalkulatorischen Geheimnisse chinesischer Hochzeiten einzuweihen. Im Grunde ist das ganz simpel. Man darf vor allem nicht mehr für die Gäste ausgeben, als diese an Geldgeschenken mitbringen. Der betriebswirtschaftlich gewitzte Hochzeitsveranstalter gibt natürlich weniger aus und macht so noch einen Gewinn. Wichtig ist dabei, die finanzielle Potenz der Gäste richtig einzuschätzen. Sonst macht man möglicherweise Verlust.

Die gegenseitigen Abhängigkeiten zwischen Gästen und Gastgebern einzukalkulieren, gehört ebenfalls zur smarten Hochzeits-BWL. Wenn die Braut beispielsweise einen einflussreichen Vater hat, werden die Gäste automatisch mehr Geld schenken – die Geschenkekurve verläuft proportional – sozusagen. Natürlich wird auch hart mit dem Hotel über die Kosten verhandelt. Mein Gastgeber hatte den Ballsaal des Hotels gemietet und das wirklich sehr gute, sehr opulente Essen aus der Hotelküche kommen lassen. Die Getränke allerdings hatte er der Kosten wegen selbst mitgebracht. Bei Festlichkeiten in China wird nämlich gern und pausenlos getrunken. Bei so vielen Gästen, die natürlich auch für ihr Eintrittsgeld – sprich Hochzeitsgeschenk – einen Gegenwert mitnehmen möchten, drängt sich der Vollrausch als Gegengabe ja geradezu auf.

Tatsächlich stapelten sich in einem Nebenraum der Garderobe eindrucksvolle Berge aus Kisten voller Schnaps, Bier und Cola. Alles natürlich wunderbar lauwarm.

Mein Status als einziger Ausländer auf der Feier brachte uns Plätze an einem Tisch nicht weit entfernt vom Brautpaar ein, das aber noch nicht am Platz saß, und den Eltern des Bräutigams, mit denen mein Kollege befreundet war. Die Eltern der Braut waren übrigens nicht eingeladen. Traditionell heiratet in China die Frau ja immer in die Familie des Mannes ein. Sie verlässt damit ihre eigenen Eltern und kümmert sich von nun an um die Eltern des Mannes, vor allem wenn die im Alter auf Pflege angewiesen sind. Das wird heute in vielen großstädtischen Familien wohl nicht mehr ganz so streng gehandhabt, ist aber auf dem Land, wo immer noch sechzig Prozent aller Chinesen leben, die Regel.

In diesem Fall war es nach geflüsterter Auskunft meines Kollegen wohl aber eher so, dass man den Brauteltern die Chance geben wollte, mit einer zusätzlichen Hochzeit am Heimatort der Braut die eigene, umfangreiche Verwandtschaft einzuladen und nebenbei auch noch ein wenig Geld zu machen.

Mein Kollege kannte eine Menge Gäste und verschwand immer wieder einmal für kurze und längere Unterhaltungen und ein Schnäpschen hier und dort. Ich saß derweil im sozusagen ruhigen Auge dieses lärmig-bunten Wirbelsturmes ganz still an unserem Tisch und sah zu, wie ein paar Tische weiter einige in mehr oder weniger offenherzigen rosa Rüschenkleidchen steckende junge Damen, von mir als Brautjungfern identifiziert, mit den Freunden des Bräutigams kicherten. Deren sichtlich neue Anzüge waren entweder etwas zu eng oder zu kurz; wahlweise auch etwas zu weit oder zu lang. Die flirtenden Herren waren begeistert von der eigenen Eleganz und natürlich von den rosaroten Brautjungfern, die von ihnen wortreich zum verstärkten Schnapstrinken animiert wurden. Die Herren selber hatten schon deutlich Schlagseite und schienen mit ihrem Zustand auch recht glücklich zu sein.

Auf der Bühne lärmte derweil die Live-Band mit den hitparadenüblichen Soft-Pop-Schlagern auf die Hochzeitsgesellschaft hernieder, die diesen zusätzlichen Lärm eigentlich ja gar nicht nötig gehabt hätte. Aber Lärm kann es in China meiner Beobachtung nach nie genug geben. Mir scheint, es ist eher so, dass zu wenig Krach Unbehagen verursacht. Aktuell war das also nicht zu befürchten. Für die Pausenzeiten der Live-Band stand für die Musikkonserven-Beschallung nämlich eine phonstarke Lautsprecheranlage zur Verfügung, die leicht zwei Live-Bands ersetzen konnte.

Plötzlich ein Tusch, der Hochzeitmarsch erklang, einige der rosagewandeten Brautjungfern eilten davon, auf der Bühne schalteten sich wie von Zauberhand buntblitzende Lichtgirlanden ein. Hunderte von Ahs und Ohs wurden durch den Saal geseufzt und das Brautpaar samt rosafarbener Flankierung marschierte in den Saal und machte freundlich lächelnd Visite an jedem Tisch. Dann marschierten sie auf die Bühne, wo zwei ferngesteuerte Minihubschrauber, die surrend durch den Saal schwebten, dem glücklichen Brautpaar die Eheringe überbrachten.

Die Braut war jung und schön und trug ein bodenlanges, rüschenbesetztes, strassglitzerndes, weitgebauschtes und auch sehr nett dekolletiertes Hochzeitskleid. Mit einer langen Schleppe, die ich aber erst etwas später bemerkte, als ich versehentlich drauftrat. Sie war vielleicht ein wenig zu stark geschminkt. Jedenfalls aus meiner Sicht. Ich weiß aber inzwischen auch, dass ich mit meiner westlich-deutschen Idee von dezentem Make-up in China ziemlich allein dastehe. Dezentes jeder Art ist in China sowieso eher weniger angesagt. Schön bunt ist einfach besser. Gern auch richtig knallig. Farbenfrohes in den gewagtesten Kombinationen – gewagt allerdings auch wieder nur aus meiner Sicht – ist sehr angesagt. Das mögen die chinesischen Frauen.

Die meisten chinesischen Männer dagegen scheinen sich für Mode überhaupt nicht und für ihre eigene Kleidung auch nur sehr peripher zu interessieren. Immer wieder wundert es mich, egal ob im Büro oder auf der Straße, wie schlampig die allermeisten nánrén (Herren) angezogen sind. Den nǚshì (Damen) scheint das nichts auszumachen. Ob das Gewohnheit ist? Oder die geschickt hingenommene Chance, neben einem solch bedauerlich gekleideten Mann einfach noch besser auszusehen?

Bei ihrer Hochzeit machen Männer dann allerdings manches Mal eine Ausnahme, wahrscheinlich unter mehr oder weniger sanftem Druck der Braut. Der frischgebackene Ehemann jedenfalls hatte sich recht ordentlich mit einer in Deutschland nach einem früheren Außenminister »Stresemann« genannten Kombination aus graugestreifter Hose und schwarzem Jackett aus der Affäre gezogen.

Auch an unserem Tisch machte das frisch verheiratete Paar huldvoll halt, schüttelte mir die Hand und schien begeistert, unverhofft einen lǎowài unter den Gästen zu begrüßen. Einer ihrer Begleiter zauberte auch sogleich ein Fläschchen hochprozentigen báijiǔ und die dazugehörigen Gläser herbei, die zum Glück recht klein sind. Schon waren die Gläschen mehrmals gefüllt und geleert. Kaum hatte sich das Jubelpaar freundlichst lächelnd entfernt, standen Gäste von anderen Tischen plötzlich Schlange an unserem Tisch. Natürlich mit Schnaps und Glas. Ich war zur offiziellen Attraktion des Tages promoviert. Betriebswirtschaftlich nennt man das »Windfall-Profit«, glaube ich. Es wurde ein harter Tag, der mich an den Rand meiner alkoholischen Fähigkeiten führte. Zum Glück fing der Service jetzt an, das Essen aufzutragen. Immerhin. Allerdings stand immer wieder ein begeisterter Gast hinter mir, der ganz schnell noch mit mir anstoßen wollte.

Das Hochzeitspaar war inzwischen wieder auf der Bühne eingetroffen. Begeisterte Reden wurden gehalten, niedliche kleine Mädchen in niedlichen rosa Ballettkleidchen stürmten heran und sangen zwischen den Ansprachen diverser wichtig aussehender Herren immer wieder einmal irgendwas Rührendes. Beim nächsten Tusch hörte ich dann meinen Namen und wusste, nun gibt es kein Zurück. Noch schnell einen Schnaps und dann auf die Bühne. Mit ganz leichter Schlagseite – aber das merkte inzwischen sicher keiner mehr. Ich ja auch nicht. Angekündigt als Ehrengast aus dem fernen Déguó (Deutschland), dem Land des besten Bieres, der besten Autos und Kühlschränke, wo man auf Autobahnen so schnell fahren darf, wie man will und wo Pünktlichkeit und Präzision zu Hause sind. Da musste ich ja jetzt auch den Riemen auf die Orgel legen und mit einer ordentlichen Ansprache punkten. In diesem Moment vertrat ich immerhin Deutschland, sein Bier, seine Autos, seine Kühlschränke. Als ich frisch in diesem schönen Land angekommen war, hätte ich es mir nicht träumen lassen, wie oft ich auf Bühnen, bei Mittag- und Abendessen, im trauten Kollegenkreis oder vor Hunderten von Leuten Ansprachen halten würde. Mehr oder weniger unverhofft, denn in China werden Ablaufprogramme oft erst auf die letzte Minute gemacht. Ich wusste noch nicht, dass allerorten Ansprachen und Trinksprüche zu jeder nur möglichen Gelegenheit gehören und dass ich als Ausländer natürlich ein ganz besonders begehrter Redner sein würde. Für jemanden wie mich, der sich sein Leben lang eher nicht vorgedrängelt hat, wenn es um Reden und Interviews ging (es hatte mich bisher allerdings auch keiner gefragt), war es schon eine ziemliche Umstellung, plötzlich die Plattitüdenproduktion anzukurbeln und rhetorisch loszulegen. Ich muss zugeben, inzwischen hat es sogar angefangen, Spaß zu machen.

Die Bank, die Post und andere öffentliche Orte

Ich musste vor einiger Zeit ein zusätzliches Konto eröffnen, weil mein chinesischer Arbeitgeber die Bank gewechselt hat. Daueraufträge zwischen zwei verschiedenen Banken sind in China nicht möglich. Alle Konten müssen dafür bei *einer* Bank sein. Mein erstes Konto hatte ich vor vielen Jahren, bald nach meiner Ankunft in Peking, eröffnet. Damals musste ich noch chinesische Bürgen beibringen und neben vielen anderen Dokumenten auch noch so eine Art Gesundheitszeugnis vorlegen. Man wollte wohl sicher sein, dass ich nicht durch pestilenzartige Krankheiten das Personal verseuche und dann womöglich gleich nach Kontoeröffnung versterbe, ohne überhaupt jemals ordentlichen Umsatz gemacht zu haben.

Dieses zum Glück schon etwas zurückliegende Geschehen noch im Hinterkopf, hatte ich mir die aktuelle Prozedur doch viel aufwendiger und komplizierter vorgestellt. Heutzutage in China ein Konto zu eröffnen ist eigentlich nicht mehr wirklich kompliziert. Es gibt ja auch eine Menge Banken und alle haben sie Filialen an praktisch jeder Straßenecke, die sieben Tage die Woche geöffnet sind. Das ist natürlich sehr angenehm. Die meisten Banken in den großen Städten haben auch inzwischen Erfahrungen mit Ausländern gesammelt. Geldautomaten gibt es jede Menge. Also alles eigentlich ganz einfach. Ich musste bei der Kontoeröffnung einfach nur meinen Pass und meine polizeiliche Meldebestätigung vorlegen.

Die staatlichen Gesetze, die Formalitäten und Vorschriften der Bank sind offensichtlich lockerer geworden. Obwohl, meine Erfahrung ist: Natürlich sind bürokratische Gewässer nie ganz einfach zu befahren, egal, wie unkompliziert es anfangs wirkt. So war ich schon oft hundertprozentig überzeugt, jetzt endlich genau Bescheid zu wissen, wie beispielsweise der Geldumtausch von Euro in die chinesische Währung, den yuán, abläuft. Meinte zu wissen, wie viele Formulare ich ausfüllen müsse, wie viele Euro ich pro Tag umtauschen dürfe und so weiter. Beim nächsten Geldumtausch einige Tage später und in einer anderen Filiale war es dann auf einmal doch wieder ganz anders.

Zahl und Design der Formulare ändern sich in China so schnell wie der Blick der Schalterkraft vorwurfsvoll bleibt, wenn ich zum Beispiel statt des vorgeschriebenen schwarzen Stiftes einen blauen verwendet habe, um die erforderlichen Geldumtauschpapiere auszufüllen. Oder umgekehrt. In diesem Fall wird das Konvolut zerrissen und alles muss neu geschrieben werden. Die Farbe der Tinte entscheidet mitunter über Annahme und Ablehnung eines Formulars, unabhängig davon, ob es richtig oder falsch ausgefüllt ist.

Überraschenderweise gibt es aber auch Filialen, in denen ich gar nichts selbst ausfüllen darf. Ich glaube, man hält mich dort einfach für zu blöd, ein chinesisches Bankformular in seiner ganzen Komplexität zu erfassen. Möglicherweise stimmt dieser Eindruck ja sogar. Mir soll es auf jeden Fall recht sein, denn dann bin ich auf der ganz sicheren Seite. Außerdem gehört das Ausfüllen von Formularen wirklich nicht zu meinen bevorzugten Beschäftigungen.

Die Prüfung meines Passes anlässlich der aktuellen Kontoeröffnung war anfangs dann doch nicht ganz unkompliziert. So ein ausländisches Dokument zu lesen hat ja auch seine Tücken. Alles ist in lateinischen Buchstaben geschrieben. Das ist den meisten Chinesen so fremd wie uns das Kyrillische. Nirgendwo auch nur das kleinste chinesische Schriftzeichen.

Da ist es schon mal schwierig, überhaupt herauszufinden, aus welchem verflixten ausländischen Land ich denn eigentlich komme. Wenn dann aber zufriedenstellend geklärt ist, dass ich aus Déguó (Deutschland) komme, dem »Land der Reinen«, wie es präzise übersetzt hieße, geht oft schon mal ein freundliches Lächeln über das konzentrierte Gesicht des Prüfers oder der Prüferin. Die meisten chinesischen Schalterangestellten sind übrigens Frauen. Ist dieser Punkt einmal geklärt, geht es für chinesische Verhältnisse doch recht schnell weiter.

Das in den Pass geklebte Aufenthaltsvisum ist ja erfreulicherweise in Chinesisch abgefasst. Deshalb geht dessen Prüfung dann eigentlich auch relativ flott. Andererseits handelt es sich aber um einen ausländischen Pass, sodass die Prüfung jeder einzelnen Information wiederum mit einer gewissen skeptischen Ehrfurcht erfolgt. Das finde ich aber ganz o.k. In Deutschland wäre es bei einem chinesischen Dokument ja sicher auch nicht anders. Pass und Visum werden dann noch fotokopiert. Und natürlich werden alle meine Informationen feinsäuberlich in den Computer eingetippt.

Jetzt kommt das Wichtigste: In China hat man eine große Vorliebe für Stempel aller Art. Der Chop, also der Stempel, ist entscheidend für die Gültigkeit eines Dokuments, nicht die Unterschrift. Es werden daher zum guten Schluss der Aktion noch viele kleine und große Stempel auf meine diversen Dokumente gehauen. Dann wird alles prima abgeheftet. Und tatsächlich, das war`s. Alles klar. Mein Konto ist eröffnet.

Schufa oder ähnliche Seriositätsabfragen gibt es in China nicht. Allerdings gibt es auch keine Kontoüberziehungen. Wenn kein Geld mehr drauf ist, kann ich auch keines abheben. Auch ganz einfach eigentlich. Kontokarte und Geheimzahl sind schon ausgedruckt und werden mir zum Abschied in die Hand gedrückt.

Das Wichtigste, um nicht zu sagen Entscheidende, habe ich aber noch nicht erzählt. So wie ich es gerade beschrieben habe, läuft ein Bankbesuch nämlich nur im Idealfall ab. Im chinesischen Alltag, der ja tatsächlich eher Kampftag heißen müsste, sieht das überwiegend ganz anders aus. Denn was ist denn die wichtigste Voraussetzung für eine Kontoeröffnung? Und natürlich auch alle anderen Bankgeschäfte? Ganz genau: Man muss überhaupt erst einmal drankommen. Das gilt natürlich in gleichem Maße für Postschalter, Meldestellen und alle anderen Orte, an denen der Kunde noch persönlich betreut oder manchmal auch nur abgefertigt wird.

In langen, persönlichen Wartesessions konnte ich entdecken, dass es allgemein im chinesischen Warteverhalten bestimmte Gesetzmäßigkeiten gibt:

1. In China wartet niemand, bis die Reihe regulär an ihm oder ihr ist.
2. Gewartet wird nur, wenn es gar nicht anders geht.
3. Länger als unbedingt nötig zu warten bedeutet Schwäche oder Dummheit oder beides.
4. Selbst Bedrohungsszenarien in Wartebereichen, wie zum Beispiel Wach- oder Aufsichtspersonal, können die wartende Menge immer nur zeitlich begrenzt in Schach halten – und zwar relativ abnehmend zur bereits gewarteten Zeit.
5. Wenn eine relevante Teilmenge der Mitwartenden als möglicherweise kampf- und durchsetzungsstärker eingeschätzt wird, entwickelt sich innerhalb der Gruppe automatisch eine relativ austarierte Wartebalance.

Vor allem dieses letzte Wartegesetz respektive die Schlussfolgerungen daraus, in die Praxis umgesetzt, könnte in seiner Konsequenz eine echte Jobmaschine anwerfen.

Ich sage nur: Psychologie des Wartens, Warteberater, Wartemanagement und Warteanalyse. Das gäbe eine Menge Beschäftigungsmöglichkeiten für die vielen arbeitslosen Akademiker, die wir hier in China haben. Auf diese Weise könnte die auch die in China nicht sonderlich hoch angesehene Psychologie auf diesem wahrlich weiten Feld ihre Alltagstauglichkeit beweisen. Ich fürchte aber, meine Anstrengungen und die Mühen, die ich mir gemacht habe, dem Themenkomplex »Warten in China« mit etwas wissenschaftlichem Pfiff zu einem neuen Lösungsansatz zu verhelfen, werden gemeinerweise wieder mal ignoriert werden.

Also werde ich mich bei nächster Gelegenheit in der aktuellen Realität des Wartens wiederfinden und das bedeutet für mich als eher durchsetzungsschwachem Typus: Wenn ich nicht aufpasse wie ein Luchs, werden Kunden vor mir bedient, die lange nach mir in die Bank gekommen sind.

Meist läuft das folgendermaßen ab: Ein klassisch chinesischer Kunde, wobei es ein kleines Übergewicht hin zum männlichen Typus gibt, betritt den Schalterraum, sieht einen freien Platz am Bankschalter, ignoriert wie selbstverständlich alle bereits Wartenden, geht zielbewusst zum freien Schalter und redet sofort und unmittelbar auf die Schalterkraft ein.

Das Szenario am Schalter kann sich jetzt in die verschiedensten Richtungen entwickeln. Abgebrühte Servicekräfte muffen den aufdringlichen Kunden einfach weg. Weniger widerstandsfähiges Schalterpersonal lässt sich manchmal auf eine Bearbeitung der Kundenwünsche ein. Das bringt natürlich regelmäßig alle auf die Palme, die aus irgendwelchen Gründen bereits länger warten.

Weil das auch kein Chinese vorhersehen kann, entwickelt sich das Szenario im Wartebereich erst einmal unabhängig davon, ob tatsächlich am Schalter bedient wird oder nicht: Viele der Wartenden schreien ihre Empörung möglichst laut in den Wartesaal, unter anderem höchstwahrscheinlich vor allem auch deswegen, weil sie sich ärgern, sich nicht selbst rechtzeitig vorgedrängelt zu haben. Die Mitglieder dieser Gruppe bleiben aber sicherheitshalber auf ihren Plätzen sitzen, denn auch auf die haben es bereits ungeduldig andere Aspiranten abgesehen, die allesamt noch später erschienen sind. Der aktivere Teil der Wartenden springt auf und eilt selbst zum betreffenden Schalter. Dort beginnt dann sofort ein intensiver verbaler Diskurs um die Frage, wer denn nun eigentlich das Recht habe, sich als Erster vorzudrängeln.

Wenn es dann schließlich gar zu laut wird, kommt eine meist etwas ältere Bankkraft angeschossen, die erst mal unterschiedslos alle Beteiligten anranzt, angefangen bei der Schalterkraft bis zum Vordrängler. Der Disput endet dann meist damit, dass dieser Schalter komplett geschlossen wird und ich deshalb noch länger warten muss.

In der letzten Zeit ist eine gewisse Beruhigung in den Wartebereichen vor allem der Banken eingetreten. Jeder neue Kunde muss am Eingang eine Nummer ziehen, die dann über Lautsprecher angesagt wird und auch auf einem kleinen Monitor über dem entsprechenden Schalter aufleuchtet. Die Nummern haben eine Art zivilisierenden Effekt auf die allermeisten der Wartenden und geben der Warterei eine gewisse Struktur. Natürlich gibt es immer noch forsch hereinstürmende Kunden, die sich vor den nächsten, gerade freigewordenen Schalter werfen und keinesfalls irgendeiner Nummer weichen wollen. Vor großen, warteintensiven Bankfilialen hat sich eine Art Miniaturschwarzhändlernetz aus Personen gebildet, die versuchen, hereingehenden Kunden für ein paar Yuan eine niedrige

Wartenummer zu verkaufen. Ob sich das als Geschäftsmodell bewährt, bleibt abzuwarten.

Freunde der klassischen Form des Wartens mit all seinen menschlichen Facetten und Tragödien werden sich aber wohl umorientieren müssen. Das chinesische Bankensystem bietet bald kaum noch Raum für diese Form der Alltagsunterhaltung.

Es sein denn, man begibt sich von der Stadt auf das Land. Dorthin, wo noch keine seelenlosen Monitore und computergenerierte Wartezettel die Herrschaft übernommen haben.

Alternativ bietet sich, falls man die weiten Wege in die Provinzen scheut, ein Besuch in einer der größeren Filialen der chinesischen Staatspost an. Dort wird noch auf klassische Art gewartet und gedrängelt. Und auch das teilweise schon vor der Kulturrevolution dort tätige Personal lässt den interessierten Besucher einen geradezu historisch-tiefen Blick in die Wartewelten vergangener Zeiten tun.

Der chinesische Straßenverkehr und die wesentliche Funktion des Fußgängers als Verkehrshindernis

Besucher, kommst du nach China, so wisse, für den chinesischen Autofahrer bist du bloß ein lästiges Verkehrshindernis. Deshalb vermeide Zebrastreifen, vertraue niemals auf die Grünphase der Fußgängerampel, überquere die Straße möglichst immer in der Mitte eines Pulks von anderen Fußgängern und sei dir bewusst, dass du als Fußgänger in der Hierarchie der Verkehrsteilnehmer ganz, ganz unten stehst.

Meine Besucher aus Deutschland, wo man ja im Allgemeinen damit rechnet, dass Vorschriften und Regeln eingehalten werden, tun diese wohlgemeinten Hinweise als eine meiner üblichen Übertreibungen ab. Allerdings nur bis zur ersten, eigenen Konfrontation mit dem täglichen Verkehrs-Tsunami auf chinesischen Straßen. Natürlich gibt es auch im chinesischen Straßenverkehr Gesetze und Vorschriften, die Verkehrsteilnehmer halten sich allerdings nur selten dran.

Es wäre unter Umständen sogar besser, man würde für den Straßenverkehr in China auch so etwas wie eine Haager Landkriegsordnung verabschieden, denn im Grunde ist der Straßenverkehr eher ein Straßenkrieg. Ich gehe ja meistens zu Fuß und habe damit nur den Kombattantenstatus eines einfachen Verkehrssoldaten, auf den man im täglichen Kampfgetümmel keine Rücksicht nehmen muss. Als Rad- oder besser noch Motorradfahrer würde ich schon in die Unteroffiziersränge aufsteigen, aber erst als Autofahrer existierte ich wirklich.

Natürlich haben die größeren Autos Vorrang vor den kleineren. Das führt übrigens nicht etwa dazu, dass man sich über die dicken Limousinen ärgert, die einen ständig behindern und abdrängen. Tatsächlich wird dadurch lediglich der eigene Wunsch verstärkt, bald auch so eine dicke Limousine zu fahren, damit man die anderen dann selbst ordentlich abdrängen und behindern kann. In China habe ich endlich zu mir selbst gefunden. Ich hielt mich immer für einen friedlichen, ausgleichenden Mitbürger. Wie hatte ich mich getäuscht! Tatsächlich habe ich eine starke Affinität zum Kriegerischen, denn erstaunlicherweise gewöhnte ich mich überaus zügig an die Nur-die-Besten-überleben-Idee auf Chinas Straßen. Ja, ich finde es sogar spannend, morgens aus dem Haus zu gehen und mich in das tägliche Getümmel zu stürzen, in dem es im Grunde nur einen Verkehrsteilnehmer gibt, der zählt, und das ist immer und ausschließlich man selbst.

Auf meinen Reisen in Deutschland erzähle ich manchmal vom Bürgerkrieg, der sich in China Straßenverkehr nennt. Natürlich stoße ich bei allen, die noch nie in China waren, auf Unglauben. Bis es dann beim ersten Chinabesuch zur Erlebniskatastrophe kommt. Manch erschreckter Besucher benutzt dann zum Überqueren größerer Kreuzungen tatsächlich lieber ein Taxi.

Der Nachteil dieser meiner Selbstfindung im Straßenkampf ist allerdings: Mit meiner Kampfausbildung im chinesischen Straßendschungel falle ich jetzt bei Deutschlandbesuchen immer wieder aus dem zivilgesellschaftlichen Rahmen. Mal treibe ich freundlich lächelnde Autofahrer in die Aggression, die für mich gefühlte Ewigkeiten an Zebrastreifen halten, während ich, überlebensorientierter chinesischer Fußgänger, der ich inzwischen nun mal bin, natürlich warte, bis sie weitergefahren sind. In Deutschland kann das dauern. Mal sitze ich im Auto und schere, aus reinster Routine natürlich, blitzschnell auf die Gegenfahrfahrbahn aus, um mich dann ebenso superschnell wieder in die kleine Stau-Lücke drei Wagen vor mir zu drängeln.

Gewohnheitsmäßig lasse ich natürlich das wütende Hupkonzert akustisch von mir abperlen, gebe Gas und wechsle eben noch schnell die Spur, um eine Wagenlänge näher an der Ampel zu stehen. Beim zügigen Weiterfahren verfehle ich dann knapp die junge Mutter mit dem Kinderwagen, die gerade voll Gottvertrauen versucht, auf dem Zebrastreifen, der in China ja lediglich dekorative Bedeutung hat, die Straße zu überqueren. Da ballen sich dann schon mal Fäuste.

Rote Ampeln sind in China ebenfalls vergleichsweise dekorativ angelegt. Denn hier ist es das gute Recht eines jeden chinesischen Autofahrers, loszufahren wann er will, wie er will und wo er will. Natürlich ohne nach rechts und links, geschweige denn nach hinten zu schauen. In China dient mein Rückspiegel als Schminkspiegel für meine weibliche Begleitung oder er wird gleich hochgeklappt. Permanenter Fahrspurwechsel ohne Vorwarnung ist ganz normal, je nachdem, von welcher Spur ich mir nun ein paar Zentimeter Vorsprung vor den anderen verspreche, denen ich natürlich jeden eigenen Zentimeter Vorsprung neide. Ich reihe mich schon ganz automatisch rechts ein, wenn ich links abbiegen will. Natürlich lasse ich auch niemals jemand anderem die Vorfahrt, egal ob ich fahren dürfte oder nicht. Stets fahre ich so, dass ich den anderen Verkehrsteilnehmer optimal behindere. Und genauso natürlich drücke ich ständig und immer wieder auf die Hupe. Das ist eine der Hauptbeschäftigungen beim Autofahren. Die Hupe ist im chinesischen Straßenverkehr mit Sicherheit wichtiger als die Bremse. Wie fehlt mir in Deutschland dieses den öffentlich Raum beherrschende Geräusch, erzeugt von den Zehntausenden der Lieblingsinstrumente des modernen Chinas!

Den chinesischen Führerschein zu machen war für mich recht einfach. Auf die theoretische Prüfung wurde freundlicherweise ganz verzichtet. Ich hätte die Fragen ja sowieso nicht lesen können. Der praktischen Fahrprüfung schaute ich doch ziemlich aufgeregt entgegen. Eines Tages war es dann soweit. Der Agent einer Serviceagentur, die sich darauf spezialisiert hatte, für frisch eingereiste Ausländer all die bürokratischen Hürden wegzuräumen, sammelte uns am frühen Morgen ein und brachte uns zu einem etwas außerhalb Pekings recht hübsch gelegenen Verkehrsübungsplatz.

Chinesische Fahrschüler lernen das Autofahren nämlich ausschließlich auf solch idyllisch wirkenden Verkehrsübungsplätzen. Dort finden auch die Fahrprüfungen statt. Kontakt mit der Wirklichkeit draußen auf den Straßen ist dem chinesischen Führerschein-Neuling erst nach Bestehen der umfangreichen und teuren Prüfung gestattet. Erst mit der amtlichen Fahrerlaubnis darf er seinen niedlichen Verkehrskindergarten verlassen und das Chaos auf den Straßen mehren helfen.

Meine praktische Prüfung dauerte dann auch nicht allzu lange. Das etwas klapprige Prüfungsfahrzeug – diesmal ganz ohne Rückspiegel – wurde mit uns Expat-Prüflingen vollgeladen und dann ging es los. Wie gesagt, ich war doch ein wenig aufgeregt. Vor mir war eine junge Dame aus Deutschland dran, die wohl tatsächlich noch aufgeregter war als ich. Jedenfalls überfuhr sie eine rote Ampel. Warum auch nicht? Macht ja gar nichts. Der Prüfer drohte scherzhaft mit dem Finger, meinte, sie solle das doch nicht allzu oft im Straßenverkehr machen und sagte dann das erlösende Wort zu ihr: »jígé de«, also bestanden. Der Nächste bitte! Das war ich. Das Ganze hatte kaum sechzig Sekunden gedauert. Ich durfte zurück zum Ausgangspunkt fahren und bekam ein Sonderlob für punktgenaues Halten. Dauer meiner Prüfung: circa achtzig Sekunden. Ich habe zwar jetzt den chinesischen Führerschein, aber ich benutze eigentlich lieber das Taxi. Das ist in China vergleichsweise preiswert. Taxen kreuzen meist in großer Zahl auf den Straßen. Die Taxifahrer sind für mich die Einzelkämpfer, die Abenteurer und manchmal auch die Piraten des Straßenverkehrs und sie sind für den täglichen Kampf auf Chinas Straßen viel besser trainiert als ich.

Ich empfehle es allen meinen Besuchern. Taxifahren in Peking kann zu einer der zentralen Ich-Erfahrungen werden, für die abenteuerlustige oder sinnsuchende Menschen anderswo teuer und aufwendig bis in abgelegene Wüsten, unzugängliche Hochgebirge oder feuchte Dschungelregionen reisen müssen. Oft schlafen die Fahrer auch in ihren Autos und so kann man schon gleich nach dem Einsteigen die erregende Geruchsatmosphäre eines Tigerkäfigs genießen und hat sich schon mal eine ganze Safari oder wenigstens den Zoobesuch gespart.

Auf jeden Fall kann ich eines garantieren: Taxifahrer in Peking sind wagemutige Menschen. Skrupel und Angst um das eigene Leben haben sie nicht. Mein Leben als Fahrgast interessiert sie ja sowieso nicht, denn wie alle Chinesen kümmert sich auch der Taxifahrer nur um sich selbst und um Leute, die zu seinem Bezugsumfeld gehören. Dazu gehöre ich ja nun mal nicht. Also zähle ich auch nicht. Generell gesehen ist das natürlich ganz o.k. Manchmal allerdings, wenn ich so in einem dieser Tigerkäfige sitze und darüber nachdenke, ob ich wohl jemals meine Lieben in der Heimat wiedersehen werde oder mein Leben bald in dieser Blechdose beschließe, wünsche ich mir ja doch ein anderes soziales Konzept – jedenfalls in Bezug auf Taxifahrer und Fahrgast. Aber das Leben ist nun mal ein gnadenloser Kampf und der Straßenverkehr ist eines der Schlachtfelder im täglichen Gefecht um den eigenen Vorteil oder wenigstens die Vernichtung von möglichen Vorteilen anderer. Lücken werden gnadenlos ausgenutzt, auch wenn sie sich nur knapp zwischen riesigen, mit stinkendem Heizöl angetriebenen, uralten Trucks auftun. Oft geht es auch nur darum, den anderen daran zu hindern, in diese lebensgefährliche Lücke einzuscheren, wenn man es denn selbst nicht hinkriegt.

Die Taxifahrer repräsentieren im Grunde das pure, das authentische China. Sie sind die Überlebensprofis im Straßendschungel. Wild hupend brettern sie mitten durch Fußgängerpulks, nehmen riesigen Bussen mit wildem Hupen die Vorfahrt, verfolgt vom Nerven zerfetzenden Lautsprechergekreisch dieser öffentlichen Verkehrsmittel, die sich ebenfalls rücksichtslos und mit brutaler Gewalt durch das Menschen- und Autogewühl walzen. Dutzende von Spurwechseln in Millisekunden gehören zum Überlebensmodus und werden natürlich vom lautstarken Gehupe der anderen Verkehrsteilnehmer begleitet. Die allerdings warten auch bloß auf ihre Gelegenheit, endlich einen neuen Unfallschwerpunkt zu schaffen und meinem Taxifahrer den Garaus zu machen.

Es gibt natürlich auch ganz entzückende Taxifahrer, die mit mir zwar auch laut hupend und in Express-Geschwindigkeit durch überfüllte Straßen und über Fuß- und Radwege brettern, dabei unaufhörlich rauchen und laut Radio hören. Aber die Entzückenden drehen sich immerhin öfter mal nach mir um, möglichst wenn sie gerade mit Höchstgeschwindigkeit zwei riesige Laster schneiden, und rufen mir von Zeit zu Zeit begeistert zu: »méiyǒu wèntí« (Das heißt in diesem Fall: Kein Problem, alles ist prima in Ordnung, ich kenne den Weg!). Dann erfreut mich der Entzückende mit der Mannschaftsaufstellung von Bāfálìyà Mùníhēi, sprich Bayern München, vom letzten

Wochenende und manchmal zaubert er aus seiner fusseligen Hosentasche noch einen Uralt-Kaugummi für mich heraus.

Das macht mich froh und versöhnt mich mit all der erlittenen und zukünftigen Unbill im Pekinger Straßenverkehr.

Wie ich einmal einen chinesischen Weinhändler beleidigte und ihm dann auch noch die Weinprobe verdarb

Es war mein erster Hochsommer in Peking. Die neue Heimatstadt war heiß und voller Überraschungen. Meine erste Weinprobe gehörte ohne Zweifel dazu, denn sie war beides: heiß und überraschend. Sie unterschied sich doch ziemlich deutlich von allen Weinverkostungen, die ich bisher in Deutschland, Frankreich und noch einigen anderen Ländern mitgemacht hatte. Alles in allem war sie ein wunderbares Beispiel dafür, wie in diesem fernöstlichen Überraschungsei namens China die Dinge nun einmal abzulaufen pflegen. Vor allem nämlich immer anders als man denkt – oder *ich* denke.

Es fing schon damit an, dass die Weinprobe bei mir daheim stattfinden sollte, der chinesische Weinhändler aber zur vereinbarten Zeit noch nicht eingetroffen war. Ich müsste im Grunde schreiben: ... natürlich noch nicht eingetroffen war. Aber so genau wusste ich das damals ja noch nicht.

Im Lauf meiner chinesischen Jahre ist mir klar geworden, dass vereinbarte Uhrzeiten, wie übrigens alles andere auch, was man in China so miteinander vereinbart, lediglich Annäherungswerte an das Gewünschte sind. Das gibt beiden Vereinbarungsparteien das angenehme Gefühl, auf einer gewissen Grundlage zusammenarbeiten zu können. Es lässt aber auch jedem Partner die nötige Flexibilität, auf Unvorhergesehenes zu reagieren oder auch etwas komplett anderes zu machen als vorgesehen, ohne damit den harmonischen Grundkonsens zu gefährden.

Mir war dieses entscheidende Grundlagenwissen über das Funktionieren der chinesischen Form damals allerdings überhaupt noch nicht geläufig und ich hatte vielleicht deshalb eine gewisse Nachsicht verdient.

Nun denke ich bei mir ganz allgemein, wenn es bei einer Weinprobe zu Missverständnissen kommt, ist das ja auch nicht so tragisch. Ich habe aber oft genug beobachtet, dass es gerade bei wirklich wichtigen Kooperationen zwischen den wirklich sehr prozess- und strukturverliebten Deutschen und den eher ins Vage hinein orientierten Chinesen in praktisch allen Bereichen zu außerordentlich anstrengenden Missverständnissen kommt. So war es dann ja auch bei mir und meiner Weinprobe. Irgendwann tauchte der recht füllige Weinhändler schließlich auf. Gekleidet war der meist etwas verunsichert lächelnde Mittdreißiger in einen leicht zerknitterten blauen Anzug, die Standarduniform aufstrebender junger Geschäftsleute. Bei seiner Ankunft war er schweißüberströmt, was aber sicher nicht daran lag, dass er sich so beeilt hatte, sondern wohl eher an der Hitze und seinen Pfunden, die sich zu einem eindrucksvollen Bäuchlein wölbten. Die von mir geladenen Freunde waren natürlich schon lange da – schließlich stammten sie alle aus Deutschland. Sie hatten sich zwischenzeitlich mit Bier getröstet. Das ist in China übrigens durchaus trinkbar, vor allem das bekannte »Tsing Tao«-Bier.

Der schwitzende Weinhändler hatte unter anderem auch Deutsch studiert und konnte es sogar recht blumig sprechen. Er hatte seine junge Freundin mitgebracht, die er uns überflüssigerweise als seine Assistentin vorstellte. Als solche war sie nämlich eine Niete. Aber sie war wirklich sehr hübsch, sagte rein gar nichts und mochte bestimmt keinen Wein, denn sie trank ausschließlich lauwarme Cola. Das ist übrigens ein sehr beliebtes Damengetränk in China, gefolgt von lauwarmer Fanta. Nun war er da, mein allererster chinesischer Weinhändler und wollte natürlich auch gleich anfangen. Beginnen sollte die Weinprobe mit den sommersonnengewärmten Weißweinen. Das wollte ich nicht. Er zierte sich ein bisschen, als ich ihm die Weine aus der Hand nahm und erst mal in den Kühlschrank stellte. Ich wusste damals noch nicht, dass kalte Getränke in China allgemein für ungesund gehalten werden und war deshalb vielleicht etwas zu unwirsch. Das tut mir heute wirklich leid, denn der freundliche junge Mann tat ja einfach nur, was er für richtig hielt, um uns den optimalen Probiergenuss zu garantieren.

Seine Assistentin stand daneben und sah ihren Freund mitleidig ob seiner schweren Aufgabe an, uns ignoranten Ausländern die rechte Weinkultur nahezubringen. Dabei schwieg sie konsequent und dauerhaft vor sich hin. Wahrscheinlich war das eine ihrer klügsten Entscheidungen.

Mein Bruder lebt übrigens in Madrid, wo es auch oft ziemlich heiß ist. Weinproben verlaufen dort aber erfreulicherweise komplett anders. Er lässt mich ab und zu an den kulinarischen Köstlichkeiten seiner Wahlheimat teilhaben. Kurz zuvor hatte er mir über diverse Umwege einen ganzen spanischen Schinken zukommen lassen. Die deutschen Gäste aßen so begeistert, dass ich fürchtete, es bliebe knapp noch der Knochen übrig.

Mein irritiert lächelnder Weinhändler und seine schweigsame Freundin waren deutlich weniger von diesem kulinarischen Angebot angetan. Gemeinsam begutachteten sie das gute Stück skeptisch von allen Seiten und fragten erst mal nach, ob das seltsame Teil denn wenigstens gekocht sei? Oder nicht? Roh und luftgetrocknet und von freudig freilaufenden Schweinen sei diese Spezialität aus Spanien, antwortete ich wohlgelaunt. Damit war die Angelegenheit für die beiden erledigt. Sie wollten den Schinken noch nicht einmal probieren. Ich lernte wieder dazu. Ungekochtes, vor allem wenn es sich um Fleisch handelt, gilt in China als kulinarisch minderwertig, im Grunde als ungenießbar, ja als gefährlich für Leib und Leben. Aus chinesischer Sicht ist ungekochtes Fleisch sozusagen die Vorstufe zu purem Gift. Bei Fisch ist das übrigens genauso.

Wenn ich einmal in der Küche stehe und für Gäste koche, kann ich meistens nicht widerstehen, immer noch mehr zu machen als eigentlich notwendig. So hatte ich mit einigen Randstücken vom Schinken auch noch einen netten spanischen Linseneintopf gekocht. Mein schwitzender Weinhändler hatte sich inzwischen seines Jacketts entledigt, die Ärmel hochgekrempelt und fühlte sich wohl nicht mehr ganz so verloren unter den vielen Ausländern. Er ließ sich auch mutig auf das kulinarische Abenteuer ein. Immerhin war dieses Zeugs ja wenigstens gekocht. Die schöne Weinassistentin wollte einerseits nicht unhöflich sein, anderseits das spanische Teufelszeug aber auch nicht essen. Außerdem bekam sie das seltsame Gemisch auch nicht mit ihren Stäbchen zu fassen. Also noch ein kulinarisches K.O.-Kriterium. So nahm sie den freundlich gereichten Löffel und ließ die Linsen diskret direkt vom Löffel unter den Tisch gleiten.

Ich merkte das erst, als alle gegangen waren. Meine chinaerfahrenen Gäste hatten den Unterhaltungswert dieser schönen jungen Dame schon eine ganze Weile früher erkannt und ich finde es heute noch gemein von ihnen, dass sie mich an diesem Teil des Unterhaltungsprogramms, das ja immerhin in meiner Wohnung stattfand, nicht teilhaben ließen.

Käse gilt den meisten Chinesen ja als eine Art vergammelte Milch und so wurde der spanische Manchego seitens der schönen Assistentin erst einmal etwas angewidert inspiziert, dann aber allergütigst und höflich-skeptisch doch noch probiert. Es schmeckte ihr nicht. So wurde die Kostprobe an bewährter Stelle unter dem Tisch beim Linseneintopf endgelagert.

Der Weißwein war inzwischen immerhin schon lauwarm. Also auf chinesische Trinktemperatur heruntergekühlt und somit probierfertig. Tapfer kämpfte mein Weinhändler nun mit dem Korken. Eigentlich kämpfte er mit dem Korkenzieher. Oh weh! Es war vergeblich. Ich beobachtete anfangs noch still und geduldig sein redliches Bemühen. Nach einiger Zeit wurde es mir klar: Dieser so freundliche Mann hatte tatsächlich noch nie in seinem Leben einen Korkenzieher in der Hand gehabt. Oder präziser formuliert – mit einem Korkenzieher eine Flasche entkorkt.

Gerne würde ich ja rückgängig machen, was dann geschah. Ich wurde leider etwas sehr ungeduldig und überschritt dabei meine interkulturellen Kompetenzen. Aber ich konnte es wirklich nicht mehr mit ansehen. Vor aller Augen nahm ich dem hilflos am Korken herumprobierenden Weinhändler den Korkenzieher aus der Hand und öffnete die Flasche selber. Das war dumm von mir und sozusagen der Fehler des Tages. Denn der Tag war nun im Eimer. Jedenfalls für den jetzt schweißgebadeten Weinhändler und seine schweigende Begleiterin. Er hatte sein Gesicht verloren. Und es wurde ihm immer heißer. Da half auch die Klimaanlage nichts mehr.

Unter dem Vorwand, noch einige Weine aus dem geparkten Auto holen zu wollen, verschwand er irgendwann im Lauf der Weinprobe einfach für immer von der Bildfläche, mitsamt seiner hübschen Assistentin. Seine Weine ließ er zurück. Seine Assistentin wäre mir lieber gewesen. Trotz ihrer Abneigung gegen Käse und Schinken.

Die Weine waren übrigens ein glatter Reinfall, auch gekühlt.

Vom wirklich wahren Glück des Eigentums und vom ebenso wahren Chinaverstehen

Ich finde, China zu verstehen ist eigentlich ganz einfach. Wenn ich nur vorher gewusst hätte, dass es auch ohne die üblichen interkulturellen Seminare klappt, die ich zur Einreisevorbereitung besucht habe. Auch die überwiegend ziemlich schablonenhaften Reisebücher, mit denen letztlich doch nur das elende Einerlei touristischer Wünsche und Vorstellungen bedient wird, hätte ich mir nicht kaufen müssen. Den außergewöhnlich ordinären und nervenaufreibenden Touristenrummel an der Großen Mauer hätte ich ebenfalls sehr gut vermeiden können. Dort erfährt man ja bestenfalls etwas über die Ideen und Wünsche der Touristen an ihr Reiseland statt etwas über das Reiseland selbst. Falls man nicht vorher schon zerquetscht oder zertrampelt wurde. Stundenlang habe ich mich durch die Besuchermassen in der Verbotenen Stadt gequält und unter brennend heißer Sonne den ganzen Nachmittag auf dem Gelände des Himmelstempels geschwitzt. Zum Verständnis des lebendigen, des heutigen China haben all diese zeitraubenden Aktivitäten leider nichts beigetragen, bei mir jedenfalls nicht. Das war mir bald klargeworden. Was sollte ich also tun?

Für die Annäherung an mein Gastland musste ich mir wohl einen anderen Ansatzpunkt suchen. Gefunden habe ich ihn schließlich mithilfe der ständig wiederkehrenden Fragen meiner chinesischen Kollegen, wann ich mir denn jetzt endlich eine Wohnung kaufen würde. Stets gefolgt von der Frage, wie viele Wohnungen ich denn in Deutschland schon besitze.

Anfangs fand ich das Thema »Wohnung in China« nicht wirklich interessant und murmelte meist Ausweichendes vor mich hin. Die Neugier auf den Ausländer, in diesem Fall also auf mich, kann jedoch im Kollegenkreis schon mal intensiver werden als es aus meiner Sicht nottut. Die Fragen nach Verdienst, Eigentum, Krankheiten, Vorlieben aller Art steigern sich manches Mal zu Fragen von geradezu ethnologischer Gnadenlosigkeit. Da ist es besser, einfach zu lächeln und sich in möglichst unverbindliche Rhetorik zu flüchten. Keinesfalls darf man brüsk so etwas sagen wie: »Liebe Kollegen, das geht euch doch gar nichts an.« Die Fragen rund um den Immobilienerwerb rissen indes nicht ab. Es ging dabei nicht unbedingt nur noch um mich. Mein ganzes Büro war plötzlich im allgemeinen Immobilienfieber. In China ist ja der Kauf von und der Handel mit Wohnungseigentum seit vielleicht zwanzig oder fünfundzwanzig Jahren erlaubt. Außer in wenigen Fällen, in denen es noch Altbesitzer gab, gehörte alles dem Staat.

Im Grunde ist das heute auch noch so, allerdings modifiziert. Der Staat vergibt Eigentumsrechte für einen bestimmten Zeitraum – bei Wohnungen sind das siebzig Jahre. Große Unternehmen kaufen die Rechte vom Staat für ein Grundstück oder ein ganzes Gebiet, reißen natürlich alles ab, was vorher auf dem Gelände stand, errichten darauf Shoppingmalls, Bürohochhäuser und natürlich jede Menge Wohnungen. Das alles verkaufen sie dann mit hohem Profit weiter. Allein in Peking zum Beispiel wird pro Jahr eine Fläche von der Größe der Stadt New York mit neuen Immobilien vollgestellt. Zum Glück ist in Peking genug Platz drumherum.

Und weil diese ganzen Wohnungen dann ja auch irgendjemand kaufen muss, trifft es sich gut, dass in China inzwischen praktisch jeder Wohnungen kaufen darf und vor allem auch will. So hat sich ein neuer Volkssport entwickelt. Denn für einen Chinesen gibt es nichts Schöneres als Besitz und Eigentum. Als ich das endlich gelernt hatte, entdeckte ich auch meinen wichtigsten Ansatz, um China zu verstehen.

China verstehen bedeutet nämlich nicht, in die alten Paläste und die Ruinen längst vergangener Kulturzeiten zu pilgern. Da findet man gar nichts von dem, was China heute ausmacht. Auch wenn das von offizieller Seite gern so behauptet wird. Das hat mit dem modernen China, dem real existierenden China so viel zu tun wie ein Shantychor mit Hamburg oder die Gorch Fock mit dem globalen Schiffsverkehr. Um das heutige China zu verstehen und vor allem die Menschen, die heute hier leben, schlage ich vor, die Tempel und Weihestätten des wahren Chinas zu besuchen, die aktuellen Orte chinesischen Glücks zu finden, nämlich die gloriosen, vornehmen, kitschigen, glitzernden und schrillen Schauräume der Immobilienunternehmer und Bauspekulanten.

Diese tatsächlich nicht nur optisch oft ziemlich gewöhnungsbedürftigen »Show Rooms« befinden sich immer in einem eigenen großen Gebäude auf dem Baugelände. Selbst wenn auf der ganzen Baustelle noch gar nichts weiter passiert ist, das Verkaufsgebäude prangt stets schon in voller Pracht und lockt die immobilienbesessenen Chinesen an.

Natürlich stehen die opulentesten und teuersten dieser Traumfabriken in den Megastädten wie Shanghai, Peking und Guangzhou. Aber China hat ja nicht nur mehr als hundertdreißig Städte, die mehr als eine Million Einwohner haben und die dringend eine Wohnung kaufen möchten. Ich sehe diese Traumpaläste wirklich in jeder Stadt, egal wohin ich komme. Auch im klitzekleinsten Ort, wo vielleicht nur hunderttausend Einwohner leben, stehen diese schicken, vielversprechenden Gebäude, in denen chinesische Immobilienträume Wirklichkeit werden. Manchmal allerdings werden auch nur die Träume der Investoren wahr, nämlich den Käufern möglichst viel Geld für wenig Wohnung aus der Tasche zu ziehen.

Aber wie dem auch sei – in diesen heiligen Hallen, den Traumpalästen immobiler Sehnsüchte, findet der chinesische Bürger die höchste Form seines auf Erden möglichen Glücks. Und Glück ist Eigentum. Glück ist ein Gefühl und die Eigentumswohnung ist dessen materialisierte Form. Die Glücksformeln lauten:

Mehr Eigentum = mehr Glück.

Noch mehr Eigentum = noch mehr Glück.

So einfach ist es, China zu verstehen.

Ich habe nun im Lauf der Zeit schon einige stolze Freunde und Kollegen in ihrem neu erworbenen Eigentum besucht. Und bei solchen Besuchen merke ich immer wieder, wie Deutsch ich doch eigentlich bin. Vor allem wenn ich mir die Bauqualität einer durchschnittlichen Wohnanlage in China anschaue. Das ist alles ganz überwiegend furchtbar schlecht zusammengehauen und bröselt bereits beim Einzug.

Die chinesischen Käufer nehmen das alles mehr oder weniger klaglos hin. Das hängt sicher damit zusammen, dass der Immobilienerwerb hier praktisch immer ein Erstkauf ist. Wie bei den meisten anderen Dingen auch, die man früher weder kaufen konnte noch kaufen durfte. Da fehlt den Menschen natürlich auch die Erfahrung. Ich glaube außerdem, der Stolz darüber, endlich Besitzer sein zu können, macht alle so froh und glücklich und schwemmt alle mögliche Kritik am möglicherweise unbefriedigenden Zustand des Besitzes sowieso von vornherein hinweg.

Wirklich Mühe geben sich chinesische Bauinvestoren, neben der edlen Gestaltung ihrer Schauräume, offensichtlich nur noch mit der Namensgebung für alle diese unzähligen und oft auch unseligen Wohnblocks und Compounds. »Merlin Champagne Town« heißt zum Beispiel einer der eher teuren Wohnkomplexe, in dessen Werbeprospekt allerdings bei näherem Hinsehen eindeutig Whiskyfässer abgebildet sind. Der dynamische Bewohner von Champagne Town trinkt nach Aussagen des Prospektes praktisch Tag und Nacht Champagner und findet das klasse. Ich war einmal bei Freunden, die haben eine Wohnung in »Greenland Gardens«. Da stehen alle Häuser inmitten einer Steinwüste. Keine Spur Grünes. »Central Park« muss natürlich ohne Park auskommen und die »Vernice Waterway Appartements« logischerweise ohne Wasser. In Peking herrscht ja schließlich auch Wassermangel. Im Süden der ständig vor Baulust bebenden Stadt stehen so lustig klingende Wohngebiete wie »New Berlin Philharmonic Orchestra Apartments« und daneben steht das »Waving Blue Rhine Wine«-Apartmenthaus.

Ich kann das tatsächliche Alter von Gebäuden in China nur schwer schätzen, da praktisch jedes Gebäude hier in jedem Jahr um mindestens fünf Jahre zu altern scheint. Noch nicht ganz fertiggestellt, wirken Neubauten wie bereits seit Jahrzehnten bewohnt. Alles ist auf den äußeren Schein abgestellt. Treffenderweise nennt man in China das Installieren von Kloschüsseln, Wasserhähnen und Steckdosen denn auch »Dekoration«. Es muss ja alles nur aussehen, als wäre es ordnungsgemäß montiert und es muss auch nur so lange funktionieren, bis die Wohnungen verkauft oder vermietet sind.

Ich wohne beispielsweise in einem Gebäude mit dem schönen Namen »Manhattan Garden«, ohne dass sich mir erschließen würde, warum dieser Name gewählt wurde. Der Wohnungskomplex wurde 1996 errichtet und sieht inzwischen nicht mehr sonderlich repräsentativ aus. Das liegt vielleicht auch an den rosa Kacheln, mit denen alle Häuser von oben bis unten beklebt sind und die nach all den Jahren im Pekinger Smog, den wir aus Mangel an anderer Luft auch regelmäßig einatmen, schon ein wenig mitgenommen aussehen. Manchmal frage ich mich, ob ich wirklich wissen möchte, wie meine Lunge wohl inzwischen aussieht. Auf jeden Fall werde ich von meinen chinesischen Freunden regelmäßig bedauert, dass ich in so einem uralten Gebäude wohnen muss. Alles vor 1990 gilt in China ja sowieso bereits als schwer antik. Also ich natürlich auch. Ob sich bei mir eine Renovierung lohnt, ist zu überlegen.

Ich erinnere mich an meine allererste Wohnung in Peking, die ich damals noch mit der inzwischen geschiedenen Gattin bewohnte. Es war ein sehr moderner und schicker Hochhauskomplex und hatte den eher schlichten Namen »Soho«, ähnelte aber natürlich in keiner Weise den bekannten Stadtvierteln in London oder New York. Als wir unsere Wohnung bezogen, war der Wohnblock neben uns noch nicht fertig. Als wir nach zwei Jahren auszogen, wurden dort bereits wieder Gerüste errichtet, um das äußere Mauerwerk zu sanieren.

Auf jeden Fall bin ich in einem deutlich besseren Erhaltungszustand als es dieser edle, architekturpreisgekrönte Soho-Baukomplex zwei Jahre nach seiner Fertigstellung war.

Der Integrationsfragebogen

Ich frage mich manchmal, wie chinesisch ich eigentlich in den Jahren geworden bin, die ich nun schon in diesem Land lebe. In Peking arbeite ich mit chinesischen Kollegen zusammen. Ich wohne in einer Wohnanlage, in der viele Ausländer, aber auch viele Chinesen leben. Ich sehe manchmal chinesisches Fernsehen, fahre fast täglich mit dem Taxi und der U-Bahn und reise immer mal wieder im Land herum. Dadurch ändert sich meine Sicht der Dinge, die ich aus Deutschland mitgebracht habe. Es prägen sich neue Sichten, neue Gewohnheiten und Vorlieben. Vieles, was mich anfangs gestört oder irritiert hat, fällt mir jetzt sogar nicht einmal mehr auf.

So halte ich es für völlig normal, während des Essens zu schmatzen und alles, was ich nicht mehr essen möchte, neben meinen Teller auf den Tisch zu spucken. Ebenso wie das ausgiebige Rülpsen nach dem Essen. Ich finde es vollkommen in Ordnung, mich an der Kasse vorzudrängeln, weil ich sonst ja länger warten müsste. Ich bleibe wie automatisch an jedem Zebrastreifen stehe und warte, bis kein Auto mehr kommt, bevor ich die Straße überquere. Niemals erwarte ich, dass unwahrscheinlicherweise einmal ein Auto wegen mir oder überhaupt wegen eines Fußgängers anhalten würde. Frauen gehen im Sommer draußen immer unter einem aufgespannten Regenschirm und natürlich tragen sie möglichst überall High Heels, das ist für mich inzwischen doch ganz logisch. Leute tagsüber in Schlafanzügen auf der Straße herumlaufen zu sehen, finde ich heute genauso wenig seltsam wie ich mich über meinen Taxifahrer wundere, der kurz das Fenster herunterkurbelt, um genussvoll auf die Straße zu spucken und noch ordentlich hinterherzurotzen.

Aber bin ich deshalb schon in China integriert? Muss ich jetzt auch noch selbst anfangen zu rotzen? Und will ich das überhaupt? Und falls ja, wie weit darf und wie weit sollte meine Integration eigentlich gehen?

Dazu kommt: Für mich, den Ausländer aus dem Westen, funktioniert die Integration schon mal rein optisch nicht. In einem europäischen Land oder auch in den USA ist Integration schon deshalb wesentlich leichter. In China erkennt man mich sofort als Ausländer, weil ich genauso aussehe wie ein Ausländer.

Trotzdem habe ich natürlich bereits eine Menge Verhaltens- und Sichtweisen übernommen, die doch ziemlich speziell und chinesisch sind. Ich merke das vor allem, wenn ich in Deutschland bin. Jeder hält mich hier für einen Deutschen. Klar. Das bin ich ja auch. Höchstwahrscheinlich schon. Aber doch nicht mehr so ganz. Eher nur noch Dreiviertel. Oder halb. Auf jeden Fall nur noch unvollkommen. Manchmal denke, rede oder verhalte ich mich einfach wie ein Chinese, der gerade in Deutschland zu Besuch ist. Das irritiert nicht nur meine Freunde. Manchmal sogar auch mich. Wenn es mir selber überhaupt noch auffällt. Die Freunde haben sich ja schon mehr oder weniger daran gewöhnt.

Um diesen wichtigen integrativen Fragen einmal sozusagen populärwissenschaftlich auf den Grund zu gehen, habe ich einen kleinen Fragebogen mit Themen aus den unterschiedlichsten Bereichen des chinesischen Lebens entwickelt. Mit diesem Fragebogen kann man testen, wie sehr man in China schon integriert ist – oder möglicherweise auch nicht.

Bitte beantworten Sie die nachfolgenden Fragen gewissenhaft. Mehrfachnennungen sind erlaubt. Die Auflösungen finden Sie am Ende des Tests auf Seite 183.

1. *Sie besuchen den Zoo in Peking und schauen sich die vielen Tiere an. Was kommt Ihnen dabei in den Sinn?*
   a) Wie niedlich!
   b) Warum haben die so wenig Auslauf?
   c) Sollten nicht Löwen und Zebras zusammen in ein Gehege, damit es für den Besucher spannender wird?
   d) Wer soll das bloß alles essen?

2. *Sie fahren auf einer Autobahn mit jeweils zwei Fahrspuren in beiden Richtungen auf. Der Verkehr ist dicht. Wie viele Fahrspuren kann ein chinesischer Autofahrer ad hoc in jeder beliebigen Fahrtrichtung zusätzlich nutzen?*
   a) Eine weitere Fahrspur
   b) Zwei weitere Fahrspuren
   c) Drei weitere Fahrspuren
   d) Genauso viele Fahrspuren, wie es die Abstände rechts und links neben den vor Ihnen fahrenden Autos gerade noch erlauben.

3. *Sie haben in einem Geschäft etwas eingekauft und sehen vor der Kasse eine lange Schlange von Leuten warten. Was machen Sie?*
   a) Sie stellen sich einfach ganz vorne an die Kassenschlange.
   b) Sie warten geduldig, bis Sie an der Reihe sind.
   c) Sie verschieben Ihren Einkauf auf später und gehen wieder aus dem Laden.
   d) Sie stellen sich hinten an und drängeln sich langsam nach vorn.

4. *Sie fahren mit dem Auto durch Peking und sehen, dass an einem Zebrastreifen unmittelbar vor Ihnen Leute über die Straße gehen wollen.*
    Wie verhalten Sie sich?
    a) Sie fahren langsamer und halten rechtzeitig an.
    b) Sie fahren langsamer und hupen laut, halten aber keinesfalls an.
    c) Sie geben Vollgas, drücken auf die Hupe, um auf sich aufmerksam zu machen und rauschen durch.
    d) Fußgänger? Wo sind Fußgänger? Hier sind Fußgänger!!

5. *Sie warten im Erdgeschoss auf einen Lift und möchten in die zweite Etage fahren. Der Lift kommt lange nicht und als sich die Türen öffnen, sehen Sie, dass der Aufzug schon voller Leute ist.*
    Was machen Sie?
    a) Sie beschließen schon nach kurzer Wartezeit, doch lieber die Treppe zu nehmen. Sie möchten ja nur in die zweite Etage. Da können Sie ja auch problemlos zu Fuß laufen.
    b) Der Aufzug wird schon kommen. Sie warten geduldig, bis er kommt und schauen sich derweil die Clips auf dem Monitor an, der im Wartebereich hängt.
    c) Sie beschließen nach längerer Wartezeit, dann eben morgen wiederzukommen.
    d) Sie hämmern mit dem Finger pausenlos auf den Halteknopf ein und kaum öffnet sich die Tür des völlig überfüllten Aufzugs, quetschen Sie sich sofort dazu, noch bevor irgendjemand ausgestiegen ist

6. *Sie sitzen im Flugzeug von Peking nach Shanghai. Die Stewardess kündigt über den Bordlautsprecher an, dass sich die Maschine im Landeanflug auf Shanghai befindet und Sie in circa zwanzig Minuten landen werden. Was machen Sie?*

a) Sie warten natürlich angeschnallt, bis die Maschine gelandet ist und die Freigabezeichen über Ihnen erloschen sind, bevor Sie aufstehen oder Ihr Telefon einschalten.

b) Sie schalten sofort Ihr Handy ein, um Ihrer Frau / Ihrem Mann / wem auch immer Bescheid zu sagen, dass Sie in zwanzig Minuten landen werden.

c) Sie schalten Ihr Handy ein, öffnen Ihren Gurt, stehen auf, holen sofort Ihr Gepäck aus dem Fach und rennen schon mal zum Ausgang. Wenn Sie Glück haben, sind Sie Erster. Während Sie das alles machen, telefonieren Sie noch mit Ihrer Frau / Ihrem Mann / wem auch immer und erzählen, dass Sie landen und als Erste(r) aus dem Flugzeug steigen werden.

d) Ihnen fällt gerade ein, dass Sie dringend zur Toilette müssen, schließen sich dort ein und warten, bis das Flugzeug gelandet ist.

7. *Sie sehen einen anderen Ausländer im Restaurant. Er ist offensichtlich zum ersten Mal in China und versucht verzweifelt, der Kellnerin zu erklären, was er essen möchte. Was tun Sie?*
   a) Sie beobachten ihn fasziniert und fragen sich, was wohl als Nächstes passieren wird.
   b) Sie rufen Ihre Freunde an und bitten sie schnell zu kommen, hier gibt gerade ein Ausländer eine Sondervorstellung.
   c) Sie gehen zu ihm hin und fragen, ob Sie ihm helfen können.
   d) Sie erzählen den Leuten an Ihrem Nachbartisch, dass Sie auch einen Ausländer kennen, der genauso dumm ist wie dieser hier.

8. *Sie sind zu Besuch in Deutschland und treffen weitläufige Bekannte, die Sie länger nicht gesehen haben. Was machen Sie als Erstes, wenn Sie in deren Wohnung sind?*
   a) Sie geben ihnen Ihre Visitenkarte.
   b) Sie fragen sie, ob es sich um eine Eigentumswohnung handelt, wie viel die Wohnung gekostet hat und wann sie abbezahlt sein wird.
   c) Sie sagen der Frau des Hauses, dass sie inzwischen aber ganz schön alt und fett geworden ist.
   d) Sie fragen Ihre Gastgeber, warum sie bei dieser großen Wohnung noch keine Kinder haben.

9. *Ihre Freunde schlagen vor, doch am Wochenende mal gemeinsam ans Meer zu fahren und fragen Sie, was Sie davon halten. Was fällt Ihnen spontan zu dieser Idee ein?*
   a) Prima, da können wir doch diese seltenen Muscheln essen, die woanders schon ausgestorben sind.
   b) Hoffentlich ist ein Shoppingcenter in der Nähe.
   c) Ich freu mich schon auf die langen Strandspaziergänge.
   d) Endlich mal wieder frische und saubere Luft!

10. *Ihre Freunde möchten mit Ihnen eine längere Wanderung machen, auf der Sie vielleicht übernachten werden. Wie reagieren Sie auf diesen Vorschlag?*
    a) Sie freuen sich auf die schöne Wanderung und den gemeinsamen Abend mit den Freunden.
    b) Sie fragen die Freunde, ob Sie nicht besser mit dem Auto fahren sollten.
    c) Sie möchten wissen, ob es in der Unterkunft auch eine Karaokebar gibt. Sonst fahren Sie nämlich nicht mit.
    d) Sie möchten wissen, wann und wo Sie während der Wanderung zu Mittag essen und wo Sie Ihren Mittagsschlaf halten können.

11. *Sie gehen mit chinesischen Freunden in ein beliebiges Restaurant irgendwo in Peking. Das Lokal ist rappelvoll und die Servicekräfte total beschäftigt. Wie laufen die ersten fünf Minuten nach den Eintreten ab?*

   a) Sie warten geduldig am Eingang, bis die Bedienung Ihnen einen Tisch zuweist und Ihnen die Speisekarte bringt.

   b) Sie finden, das Lokal sei zu voll und suchen sich ein anderes.

   c) Kaum haben Sie das Lokal betreten, schreien alle (und auch Sie) gemeinsam, ganz ohne Absprache sofort und laut: FU WU YUAN – CAI DAN, verlangen also nach dem Service und der Speisekarte – und drängeln sich zum nächsten freiwerdenden Tisch.

   d) Sie fragen, wann ein Tisch frei wird und gehen solange in der Umgebung spazieren.

12. *Mit einer Gruppe wohlhabender chinesischer Freunde machen Sie eine Reise ins Ausland. Sie haben eine Rundreise durch mehrere europäische Länder gebucht und besuchen auch Paris, Rom, München und Madrid. Sie besprechen, was Sie in diesen Städten vor allem machen wollen. Was wird das sein?*

   a) Sie möchten vor allem die Städte, ihre Menschen und Kultur kennenlernen und schreiben sich eine Liste der wichtigsten Museen, Kirchen und anderer kultureller und historischer Orte.

   b) Sie besorgen sich eine Liste der bekanntesten Kaufhäuser und Shoppingcenter, in die Sie unbedingt gehen müssen.

   c) Sie fahren zu den wichtigsten touristischen Punkten, lassen sich davor fotografieren und suchen dann nach dem nächsten chinesischen Restaurant.

d) Sie engagieren einen Immobilienexperten, der Ihnen die interessantesten Investmentobjekte der jeweiligen Stadt zeigt.

Für jede richtige Antwort dürfen Sie sich einen Punkt auf Ihrem China-Konto gutschreiben. Bitte addieren Sie die Punkte.

0 bis 8 Punkte:

Es ist gut, dass Sie den Test gemacht haben, denn jetzt bekommen Sie es schwarz auf weiß: In Sachen Integration haben Sie definitiv eine Menge Potenzial! Die Grundregeln menschlichen Zusammenlebens sind Ihnen weitgehend vertraut, die chinesischen Finessen hingegen nicht unbedingt. Bevor Sie sich jetzt das Leben weiterhin unnötig schwer machen, mein Tipp: Lassen Sie sich keinesfalls auf den Selbstversuch China ein, ohne ein Survivaltraining vor Ort zu absolvieren, das Sie mit allen wesentlichen Fallstricken des chinesischen Miteinanders vertraut machen wird. Benutzen Sie zur Fahrt dorthin unbedingt alle möglichen Wege und Verkehrsmittel und suchen Sie zwischen den Unterrichtseinheiten Orte auf, an denen Sie in Kontakt mit der Bevölkerung treten können, um Ihre neu erworbenen Kenntnisse zu testen. Reagieren sie bei kleineren Problemen gelassen und gehen Sie mit Mut und Heiterkeit an die täglichen Herausforderungen. Der Rest ergibt sich dann vermutlich wie von selbst.

9 bis 17 Punkte

Aller Anfang ist schwer, aber Sie haben ihn immerhin schon gemacht. Sie haben verstanden, dass Survivaltraining und eifrige Lektüre von Auswandererbüchern allenfalls eine Ergänzung der täglichen Erfahrungen darstellen können. Sie sind niemand, der aus Fallbeispielen lernen möchte, Sie schätzen die echte Erfahrung, das Authentische, dicht dran am realen Leben. Das ist zwar im Prinzip lobenswert, mitunter sollten

Sie dann aber doch versuchen, das rechte Maß zu halten. Manchmal genügt ja ein einfacher Blick in die Augen eines Mitmenschen, um mehr über dessen Befindlichkeit zu erfahren. Selbst wenn Sie sich durch Ihr Verhalten gern selbst mal ein Bein stellen und nur wenige Fettnäpfchen elegant zu umschiffen wissen: Lassen Sie sich nicht die Stimmung verderben! Sie können noch einiges dazulernen und sollten dabei Folgendes bedenken: Nichts ist so normal, wie es scheint. Das gilt auch und besonders für China.

18 und mehr Punkte
Haben Sie geschummelt? Sind Sie Chinese? Oder leben Sie bereits seit mehr als fünf Jahren im Reich der Mitte? Ihr China-Konto läuft ja geradezu über! Gratulation! Sie navigieren geschickt und souverän durch die Untiefen des Alltags und lassen sich auch bei kleineren Rückschlägen weder stimmungsmäßig noch in Bezug auf Ihre Tatkraft beeinträchtigen. Weißwein mit Fanta lässt Sie ebenso unbeeindruckt wie kulinarische Eskapaden mit Zutaten zweifelhafter Provenienz. Und wenn Sie der Taxifahrer nach einem üppigen Abendessen mit allerlei merkwürdigen Begebenheiten letztlich doch lebend zu Hause abgeliefert hat, haben Sie noch kein Quäntchen Lebensfreude eingebüßt. Im Gegenteil: Sie freuen sich auf den nächsten Tag, seine Herausforderungen und Absonderlichkeiten. Bravo! Schreiben Sie doch einfach mal ein Buch über Ihren Alltag als Deutscher in China!

Auflösung: 1: d; 2: d; 3: a; 4: c und d; 5: natürlich d; 6: c; 7: alles außer c; 8: alle Antworten in allen erdenklichen Kombinationen; 9: a und b; 10: b, c und d; 11: c; 12: b, c, d.

Ein Monolog des Deutschen und des Wahlchinesen in mir und ein vorsichtiger Blick in die Zukunft des Landes

Manchmal spreche ich so im Stillen mit mir selbst. Beispielsweise über China, meine Wahlheimat und manchmal auch über Deutschland, das ich ja auch regelmäßig besuche und das mir aus meiner chinesischen Distanz doch recht exotisch erscheint, ähnlich wie es vielen Besuchern aus Deutschland ja auch in China geht.

Ich sehe ja nicht nur China durch meine deutsche Brille, sondern immer auch Deutschland aus meiner chinesischen Perspektive und oft auch durch die Augen meiner chinesischen Kollegen, mit denen ich manches Mal durch Deutschland reise.

Ganz am Rande bemerkt: China im Stillen ist natürlich sowieso nicht einfach. In diesem lärmbegeisterten Land einmal ein stilles Plätzchen zu finden, ist wirklich nicht leicht. Für die meisten Chinesen gibt es eigentlich nur zwei individuell akzeptable und auch sozial akzeptierte Aggregatzustände: Schlafen und Lärmen. Wie alle Generalisierungen und apodiktischen Behauptungen ist diese natürlich auch angreifbar und mancher Chinaexperte wird dieser nur auf den ersten Blick simpel klingenden These aus tiefstem Herzen widersprechen. Andere Chinaexperten jedoch werden höchstwahrscheinlich einwerfen, dass das Essen ein weiterer wichtiger chinesischer Aggregatzustand sei. Das ist sicherlich richtig, sofern man sich im Aufzählen von Details verlieren möchte.

Da ich klare Begrifflichkeiten bevorzuge, möchte ich präzisieren: Generell fällt in China meiner persönlichen Erfahrung nach auch das Einnehmen von Mahlzeiten unter den Oberbegriff »Lärm«. Wer einmal mit Chinesen an einem Tisch gegessen hat oder in einem beliebigen Lokal irgendwo in diesem essbegeisterten Land saß, wird diese These durch eigene Anschauung mit Sicherheit bestätigen können.

Das stille Plätzchen zum Nachdenken ist besonders in Peking, wo ich seit Jahren lebe, schwer zu finden. Manchmal bleibe ich während der Mittagspause im Büro. Stiller kann es China kaum irgendwo sein als mittags im ausgestorbenen Büro, das alle Kollegen eiligst verlassen haben, um sich der wichtigsten Beschäftigung des Tages hinzugeben: dem Mittagessen.

Immer wenn ich in Deutschland bin, fällt mir auf, wie ordentlich und zuverlässig, wie solide umsorgt vom Staat und öffentlichen Einrichtungen das Leben in diesem freundlichen und wohlhabenden europäischen Land verläuft. Ein Leben, von dem die Menschen in China noch jahrzehntelang träumen werden, wohl ohne es je kennenzulernen.

In China fragen mich Kollegen, chinesische Freunde oder Menschen, die ich auf Tagungen, Reisen oder bei anderen Gelegenheiten treffe, oft über Deutschland aus. Die Themen sind so vielfältig wie die Gelegenheiten, bei denen sie zur Sprache kommen.

Ihr habt in Deutschland den Kommunismus verwirklicht, heißt es dann manchmal ziemlich verblüfft, wenn ich erzähle, dass Schulbildung praktisch gratis ist, für den Bürger Rechtssicherheit herrscht, gleiche Lebensbedingungen in Stadt und Land im Grundgesetz verankert und überwiegend auch verwirklicht sind. Wer einmal in China über Land gefahren ist, wird sich vorstellen können, was allein das für China bedeuten würde. Das deutsche Gesundheitssystem in seiner Opulenz lässt die meisten Chinesen glauben, ich sei ein Lügner, gleiches gilt für unser Rentensystem.

Ich habe einmal einen kleinen Artikel über die deutsche Rentenversicherung in der recht weit verbreiteten Tageszeitung »China Youth Daily« veröffentlicht. Es kamen Tausende von Leserreaktionen, in denen die Begeisterung über dieses umfassende soziale System ausgedrückt wurde und zugleich der Unglaube, dass tatsächlich einer für den anderen einstehen könne. Solidarität ist in China ein ganz ungewöhnliches, geradezu merkwürdiges Konzept. Aus meiner inzwischen schon leicht chinesischen Sicht, segelt man in Deutschland mit lauem Wind auf leichtem Wellenschlag und glaubt, sich bereits heldenhaft auf sturmumtoster See zu bewähren. Wer einmal die chinesische Gesellschaft kennen gelernt hat, weiß, wie viel rauer die See sein kann.

Aus deutscher Perspektive steht in China vieles Kopf und die Frage ist legitim, ob die Dinge in China trotzdem funktionieren oder gerade deswegen. Zum Beispiel die Arbeitswelt:

In China warten viele Millionen intelligenter, zum Teil gut, teilweise aber auch recht fragwürdig ausgebildeter, lern- und natürlich kopierbereiter Chinesen auf ihre Chance. Vieles in ihrer Ausbildung ist aus unserer Sicht fragwürdig, weil es sich oft um eine Ansammlung von schablonierten Abfragekenntnissen handelt, die lediglich eingepaukt werden und rein formale Wissensanforderungen bedienen. Gesellschaftlich akzeptierte Ausbildung in China heißt praktisch immer akademische Ausbildung – auf verschiedenen Qualitätsebenen.

Handwerk und Handarbeit werden in China nicht geschätzt, eher verachtet. Prestige hat, wer hinter einem Schreibtisch sitzt und nicht, wer draußen herumläuft und mit den Händen arbeitet. In meiner Film - und Fernsehprofession beispielsweise gibt es extrem wenige wirklich gute Kameraleute – ein anerkannter und sogar begehrter Beruf in den westlichen Ländern. In China ist der Kameramann Diener und Gehilfe des Regisseurs, der seine Befehle ausführen muss. Kameraführung ist Handarbeit, ohne eigenes Büro oder Schreibtisch und vor allem ohne Untergebene, die man anschreien kann. Beste Voraussetzungen für einen sozial minderwertigen Beruf.

Ein sehr guter chinesischer Freund erzählte mir dazu einmal ein Gleichnis: China sei ein Land, durch das ein riesiger, großer Fluss fließe: der Fluss des Geldes. Um an dieses Geld zu gelangen, brauche man einen Standort, eine Insel, möglichst in der Mitte des Flusses, um von dort aus seine Beutezüge zu starten. Wer am Rand stehe, könne nur hier und da etwas erhaschen, wer im Fluss schwimme, gehe irgendwann unter. Die Insel, Sie ahnen es, ist der Schreibtisch.

Und dieser Sachverhalt ist nicht nur auf Kameraleute übertragbar, sondern auf das gesamte Handwerk in China. Einmal wollte ich mir beispielsweise bei einem chinesischen Schneider einige Sakkos und Hosen nähen lassen. Ich ging also zum Schneider, eskortiert von der damaligen Gattin, die diesen Plan eifrig unterstützte. Nachdem wir umständlichst den Preis verhandelt hatten – in China sind Ausländer gern willige Helfer, wenn es darum geht, auf einen Schlag den Monats- oder (besser noch) Quartalsumsatz sicherzustellen – nahm man Maß.

Ich wunderte mich, warum die Maße nicht ordentlich notiert wurden, stattdessen standen am Schluss nur einige wenige Zahlen auf einem Blatt. Den Kleidungsstil hatte ich anhand ausliegender Modejournale gewählt.

Es kam wie es kommen musste, die Sachen passten natürlich nicht. Zu eng, zu weit, zu groß, zu klein, alles war geboten, nur nicht das Gewünschte und Erwartete. Die eine

Hosentasche war zu klein, die andere war zugenäht. Schiefe Revers, schlecht eingepasste Innenfutter – alles, was das Herz begehrte. Ich kam also nach ein paar Tagen wieder und probierte erneut. So um die zehnmal.

Ein wenig zu oft für mich äußerlich meist ruhig wirkenden Menschen, der leider eine klitzekleine Neigung zu Unmutsausbrüchen sein Eigen nennt. Und wie ich sie ausleben konnte! Aber es half alles nichts und schon die Genese verleidete mir die ohnehin nur eingeschränkt mögliche Freude an den Kleidungsstücken. Wer trägt schon gern ein Jackett, das einen daran erinnert, wie man bei Anprobe Nummer acht die Schneiderin erwürgte und bei Nummer zwölf vor den Augen ihrer indolent vor sich hin grinsenden Nachfolgerin das Sakko auf den Boden warf und darauf herumtrampelte? Dabei war der Stoff gar nicht mal so schlecht. Inzwischen kaufe ich meine Sakkos wieder in Deutschland und achte darauf, dass nicht »Made in China« drinsteht.

Qualität ist ein Thema, bei dem der Deutsche und der chinesische Wahlbeheimatete in mir häufig in Streit geraten.

Die Kraft der chinesischen Wirtschaft ist enorm, Chinesen lernen schnell und überaus zielorientiert und China ist lange nicht mehr das Land, in dem die billigen Waren produziert werden. China kann immer noch preiswert – die chinesischen Löhne liegen etwa bei einem Viertel der unseren –, China baut inzwischen aber auch Autos, Computer, entwickelt Software und Spitzentechnologie. Und obwohl in China viele hochwertige Waren hergestellt werden, bewundert der chinesische Konsument die deutsche Qualität, die deutsche Technik und die deutsche Handwerkskunst – auch wenn es in China unvorstellbar für die Eltern wäre, wenn der Sohn freiwillig Tischler lernen wollte, statt Master of Business Administration (MBA) zu werden.

Die chinesische Staatsbürokratie ist ein Glücksfall für die blühende westliche Welt, denn sie verhindert und erschwert noch immer mehr als sie ermöglicht. Hinzu kommt der ausgeprägte Mangel an eigenständigem Denken und Kreativität. Chinesische Mitarbeiter schauen auf den lǎobǎn, den Boss. Keiner möchte Entscheidungen treffen, alle wollen Mitläufer sein.

Und die Bürokraten sind natürlich die ersten, die jeder Art von Kreativität unmittelbar eine Vorschrift entgegensetzen. Sollten sich die Chinesen allerdings eines Tages zu einer Bürokratiereform durchringen und ihr kreatives Potenzial entdecken, sehe ich schwarz für uns Deutsche mit unseren Luxusproblemen wie Rentenreform, Krankenversicherung und Arbeitsstandards. Aber noch besteht Hoffnung, denn chinesische Bürokraten schätzen – wie unsere – Veränderungen nicht. Eigenständigkeit und Individualismus sind eher Schreckgespenster und derzeit keineswegs erstrebenswert. Andererseits legen Chinesen größten Wert auf die Ausbildung ihrer (Einzel-)Kinder. In den beruflichen Weg des Sprösslings investieren chinesische Eltern große Summen und sie ordnen diesem Ziel vieles unter. Weil das wiederum unseren Verhältnissen ganz ähnlich ist, ist auch das Kind, das dabei herauskommt, unseren westlichen nicht unähnlich: So empfinden es immer mehr kleine Egozentriker als ihr gutes Recht, später einmal zu jenen zu gehören, die Befehle erteilen, in einem schicken Büro sitzen und so viel Geld wie möglich verdienen.

Dass das auch seltsame Blüten treiben kann, versteht sich von selbst. Eine chinesische Zeitung befragte einmal Vorschulkinder zu deren Berufswünschen.

»Ich möchte einmal korrupte Beamtin werden, genau wie meine Mutti«, soll da ein kleines Mädchen begeistert Auskunft gegeben haben.

Wie genau es mit China und seinen Menschen in Zukunft weitergehen wird, weiß ich trotz meiner Jahre in diesem wunderbar seltsamen Land nicht. Vermutlich wissen es die Chinesen selbst nicht so genau. Und wer will das auch sagen angesichts der weltrekordverdächtigen Geschwindigkeit, mit der sich China in die Weltspitze vorgearbeitet hat?

Vor zwanzig oder dreißig Jahren war China für die westliche Welt sehr weit weg. Das Land war überwiegend bekannt als Ort einer vieltausendjährigen, lange untergegangenen Kultur und als ein in der Neuzeit von der Welt abgeschotteter Schauplatz furchtbarer politischer Experimente wie der »Kulturrevolution«. Gleichzeitig war China »Land der blauen Ameisen«, also Wohnsitz einer millionenfach gleichgeschalteten Masse von Menschen, die einer obskuren Ideologie ausgeliefert sind.

Im Vergleich dazu ist China heute ein kunterbuntes Land, das seinen Menschen eine in vielen Bereichen ungewohnt individuelle Lebensgestaltung gestattet. Hierin liegt aus meiner Sicht allerdings auch das Problem der neuen Freiheiten. Sie sind lediglich von Staat gestattet. Ich würde mir wünschen, dass meine chinesischen Freunde in Zukunft mehr Einfluss auf ihr Schicksal nehmen können und dass sie ihr Leben so weit wie möglich selbst bestimmen können.

Ich glaube, dass unser eigenes Schicksal sich mit dem des neuen China Tag für Tag mehr und stärker verknüpfen wird und ich hoffe, dass meinem chinesischen Selbstversuch noch sehr viele, unterschiedliche andere folgen werden.

Impressum

Unser komplettes Programm:
www.bruckmann.de

Herausgeber: Dr. Andreas Drouve
Satz und Gestaltung: comtex mediendesign, Augsburg
Umschlaggestaltung: coverdesign uhlig, Augsburg
Lithografie: Repro Ludwig, Zell am See
Herstellung: Bettina Schippel
Druck und Bindung: CPI books, Ulm
Umschlagabbildung: Matt Cline

Die Deutsche Nationalbibliothek verzeichnet diese Publikation in der Deutschen Nationalbibliografie; detaillierte bibliografische Daten sind im Internet unter http://dnb.d-nb.de abrufbar.

ISBN 978-3-7654-6176-7